제14교구 창원 불모산 성 주 사

KB275629

조 실　서해 홍교 대종사
주 지　　법안 종 사

신도회장　이상연
상임고문　김이순
고　　문　문무수 황기동 윤순희 노필생 조보현
부 회 장　김종석 황연자 황경숙
마야회장　김성희　　불모회장　안옥숙
불성회장　백승곤　　성포회장　김순경
산신회장　전윤자　　지장회장　정영애
관음회장　정자선　　다도회장　이은초
찬불단장　박현주　　서각회장　김미정
보현행원단장　서병찬

- 사부대중 일동 -

대한불교조계종 **불모산 성주사**

주소　경상남도 창원시 성산구 곰절길 191(천선동 102)
전화　055) 262-0108~9　템플 010-2055-3104
www.성주사.한국

"보현행원으로 불국토를 성취하겠습니다."

광덕 큰스님의 마하반야바라밀 사상을 보현행원으로 실천하는 도심전법도량 불광사는
'내 생명 부처님 무량공덕 생명'이라는 굳건한 믿음 속에서 일상의 시간과 공간을
불국토로 만드는 불사를 봉행하고 있습니다.
"내 생명 부처님 무량공덕 생명 용맹정진하여 바라밀국토 성취한다."

법회 안내

불광토요법회　　매주 토요일 10:30
호법법회　　매월 첫째 수요일 10:30
초하루법회　　음력 매월 초하루 10:30
지장재일법회　　음력 매월 18일 10:30
관음재일법회　　음력 매월 24일 10:30
일요다라니기도　　매주 일요일 10:00

불광교육원 안내

**불교대학, 불교기본교육, 불광아카데미 등
다양한 교육과정과 프로그램이 진행되고 있습니다.**
문의 : **02)417-2551**

주지 **동민**

- 사 부 대 중 일 동 -

대한불교 조계종 **불광사**

서울시 송파구 백제고분로39길 35(석촌동 160-1)
전화 02)413-6060~2 www.bulkwangsa.org

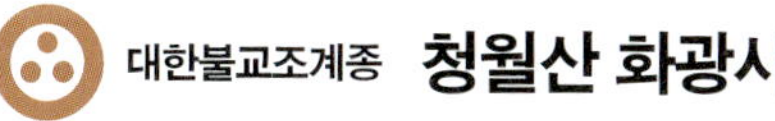

우리는 화광 횃불이다.
스스로 타오르며 역사를 밝힌다.

청월산 **화 광 사**

법 회 안 내

• 초 하 루 법 회 : 매월 음력 1일
• 약 사 재 일 법 회 : 매월 음력 8일
• 지 장 재 일 법 회 : 매월 음력 18일
• 관 음 재 일 법 회 : 매월 음력 24일

주 지 학 륜

-사 부 대 중 일 동-

대한불교조계종 **청월산 화광사**

주소 경기도 남양주시 화도읍 경춘로2192번길 107
전화 031)595-0977 | 팩스 031)595-4395

동명사·동명법회

회 주 지 명

- 사부대중 일동 -

동명사는

바르게 믿고, 바르게 정진하고,
바르게 실행하며 불국토건설을
위하여 수행하는 도량입니다.
법회와 기도는
수행과 교육, 행원과 전법으로
행복을 위하는 등불이 됩니다.

- 일 요 법 회 : 매주 일요일 (오전 10시 30분)
- 초·중·고생 법회 : 매주 일요일 (오전 10시 30분)
- 참회예경정진법회 : 매월 셋째 토요일 (저녁 8시 00분)
- 신 중 기 도 : 매월 음력 초하루 (오전 10시 30분)
- 지 장 재 일 법회 : 매월 음력 18일 (오전 10시 30분)

대한불교조계종 동명사

주소 경기 하남시 천호대로1358번길 144-31 (초이동 16번지)
전화 02)427-7088~9 | http://cafe.daum.net/dmmita

마하반야바라밀의 근본도량

보현사·보현법회

경기도 구리시 갈매동에 위치한 보현사는
광덕 큰스님께서 불광법회 초창기에 오랫동안 주석하셨으며
구도철야정진법회를 보시던 곳입니다.

주지　진효　합장

법 회 안 내

- 초하루 법회 　 : 매월 음력 1일(신중기도)
- 가 족 법 회 　 : 매월 둘째(일요일)
- 관음재일법회 　 : 매월 음력 24일

 대한불교조계종 **보현사·보현법회**　주소　경기도 구리시 경춘북로 98-16(갈매동 산69)
전화　031)572-1483

불모산 성주사

곰이 세운 절,

불광

Monthly Magazine
2025
11
vol·613
www.bulkwang.co.kr

발행인　지홍　54-jihong@hanmail.net

편집인　류지호　sunflower6472@hanmail.net

편집주간　김남수　nskim6861@hanmail.net
사진　유동영　podosy@naver.com
에디터　송희원　ruread@naver.com
　　　　하다해　oceanalot@gmail.com
마케팅·광고　이유리　sdbfly@naver.com
SNS　류지수　jigu_0123@naver.com
디자인　쿠담디자인　koodamm@naver.com

영상콘텐츠　유권준　reamont@naver.com
　　　　　김대우　mindtemple@gmail.com
　　　　　김회준　fr79@naver.com
총무부장　윤정안　ja2718@hanmail.net

제작국장　김명환　heaan70@hanmail.net

인쇄·출력　(주)테라북스
종이　한솔 pns

표지설명
설화에 따르면 성주사 대웅전을 지을 때 곰이 재목을 나르며 도왔다고 한다. 이에 사람들은 성주사를 '곰절'이라고도 불렀다. 그림 김진이

「불광」 통권 613호 2025년 11월 1일 발행
1974년 9월 5일 등록 종로 라–00271호
정가 12,000원, 1년 정기구독료 144,000원

주식회사 불광미디어
주소 서울시 종로구 사직로10길 17, 301호
전화 02–420–3200　팩스 02–420–3400
광고문의 02–420–3200

www.bulkwang.co.kr
youtube.com/c/bulkwangc
facebook.com/m.bulkwang
@monthly_bulkwang
네이버에서 '월간불광 스마트스토어' 검색

창원 남천에서 바라본 불모산(佛母山). 창원 시내를 관통하는 물길인 '남천(南川)'은 불모산에서 발원해 마산만으로 흘러간다. 천 옆으로 오늘의 창원을 만든 산업단지가 들어섰다. 한때는 오폐수로 악명이 높았지만, 이제는 은어와 연어가 헤엄친다. 수달도 돌아왔다.

곰이 세운 절,
불모산 성주사

창원은 2,000년 전부터 철(鐵)을 제련하는 도시였다. 성산패총,
봉림동, 현동에 철과 관련된 고대 유적이 발견된다. '출가한 일곱
왕자의 어머니', 즉 가야의 왕비 허황옥이 왔던 곳으로 전해지는
불모산(佛母山)에도 철 유적지가 발견된다. 불모산은 철 제련을 위해
풀무질을 하던 산이기도 했다.
어머니 산인 불모산에 성인이 머물던 '성주사(聖住寺)'가 있다.
옛사람들에게는 성주사라는 이름보다 '곰절'로 입에 붙었다.
대웅전을 지을 때 곰이 자재를 운반했다 하여 붙여진 명칭이다.
그래서 절 이름을 '웅신사(熊神寺)'라 부르기도 했다. 근처 진해의
옛 지명이 '웅천(熊川)'이다. 분명 곰과 관련된 무언가 있었을 것이다.
창원은 통일신라시대 이래 불교가 번창한 도시다. 창원을 대표하는
성주사와 구산선문 중 하나였던 봉림사가 이 시기 세워졌다. 아울러
창원은 '고려의 도시'다. 일본 정벌을 위해 고려와 원나라의 연합군이
출정했던 포구가 마산합포였으며, 고려 충렬왕이 창원에 내려와
3개월간 머문 장소가 현재의 성산구 어느 절터로 추정된다.

창원공단이 조성된 1970년대에 창원은 다시 '철의 도시'로 변모했다.
그리고 창원의 불심(佛心)도 단련되고 있다. 그 중심에 곰이 세운 절,
성주사가 있다. 창원 불교가 움튼 불모산으로 들어가 보자.

곰절의 아침

사진. 유동영

불모산 서쪽에 창원 성주사가
있다면, 동쪽에는 허황옥의
오라버니인 장유화상 인연이
전해오는 김해 장유사가 있다.
가락국 김수로왕과 왕비
허황옥의 아들 7명이 수행한
산으로 전해진다.
여러모로 가야의 흔적을
계승한 산이다.

성주사(聖住寺)는 대웅전을 건축할 때, 곰이 도왔다 해서 '곰절'로도 불린다.

어느 절이나 새벽은 도량석으로 시작된다. 법당 보살님이 문을 개방하고, 목탁 소리는 불모산을 깨운다.
"원컨대 이 종소리 법계에 두루하여 철위산의 깊고 어두운 무간지옥 다 밝아지이다."

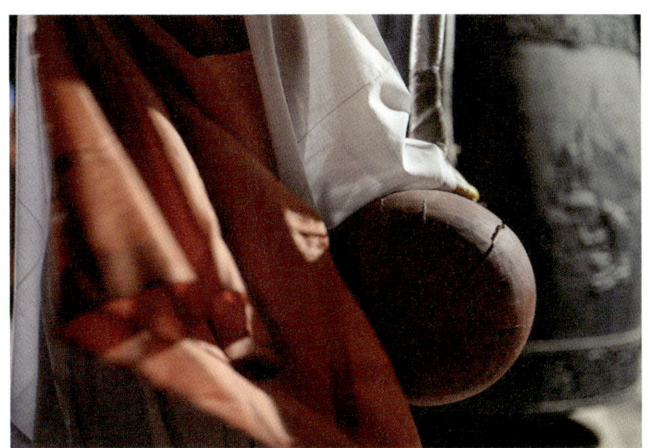

새벽 예불이 끝나면, 대월 거사는 빗자루 한 채 들고 마당에 들어선다. 아침이면 몸이 성주사로 향해 10년 넘게 봉사하고 있다. 몸에 붙은 병을 화두 삼아 수행하고 기도한다. "저는 성주사가 참 좋아요. 성주사에서 몸과 마음도 좋아졌어요."

불모산은 물이 많은 산이지만 불의 기운도 많다. "불모산의 모든 봉우리가 성주사로 향하는데, 옛 어른들이 화기도 따라 내려온다고 해요. 그래서 절 마당에도, 불모루 앞에도 연못을 만들어 화기를 누릅니다."

조실 홍교 스님이 공양을 위해 나서면 상좌인 원제 스님도 항상 따라나선다. 원제 스님은 마산에서 유명한 유도 선수였다.
언제나 홍교 스님을 시봉하며, 때로는 친구처럼 말동무도 돼 준다. 뒤에 있는 전각이 불모루다.

절집 공양간은 언제나 바쁘다. 삼시 세끼를 준비해야 하며, 법회가 있는 날이면 항상 손이 모자란다. 근래 외국인들이 성주사를 많이 찾기 시작했다. 특별한 날은 불모루를 개방해 사찰음식을 제공하는데, 어느덧 창원의 핫한 메뉴가 됐다.

매년 봄과 가을 두 번, 가야국 일곱 왕자의 길 따라 삼보일배 정진을 한다. 어느 해에는 코로나19 극복 발원을, 어느 해에는 '이태원 참사' 추모 발원을 진행했다. "우리 사회가 갈등과 분열을 넘어 화합과 평화가 이루어지길" 간절히 기도한다.

사찰의 대소사를 모두 챙겨야 하기에 성주사 불자들은 바쁘다. 그렇지만 창원 지역에서 성주사의 위상이 높아가기에 뿌듯하다고. 관음재일 법회 날 홍교 스님을 찾았다. 신도를 대표해 경성 이상연 신도회장이 "스님, 생신 축하드립니다" 하니, 스님은 웃기만 한다.

법회와 각종 행사가 주로 이뤄지는 설법전은 성주사 신도들에게 가장 친숙한 공간이다. 2023년 천수천안관세음보살님을 모셨다. "저희가 무릎을 곧추며 두 손바닥을 모아 천수관음 앞에 발원합니다. 관음보살의 자비로 저희 발원이 이뤄지이다."

때맞춰 경남경찰청 법우회 수계식이 거행됐다. 연비를 받는 수계 제자들은 "목숨이 다하도록 이 계를 지키겠습니다"라며
세 번 합창한다. 설법전은 여러 관공서 불자법회, 창원대 불교학생회 법회 등으로 창원의 불자들이 찾는 공간이기도 하다.

10월 18일 '2025 성주사 가을 산사음악회'가 진행됐다. 하필 이날 비가 왔다. 야외 진행 예정이었던 음악회는 설법전 안으로 옮겨졌다. 불교음악과 클래식, 대중음악이 연주됐다. 성주사 가릉빈가합창단의 찬불가, 가수 김범룡의 〈바람 바람 바람〉 노래가 불모산에 울려 퍼졌다.

성주사는 불모산 곰이 다니던 길에 '황토 곰 숲길'을 조성했다. 불모산은 본래부터 창원 시민들에게 익숙한 산이었지만,
맨발로 걷는 숲길에서는 또 다른 맛을 느낄 수 있다. 성주사는 1,500년 넘는 역사를 창원과 함께해 왔고,
최근에는 '열린 사찰'로 시민들에게 다가서고 있다.

가야의 산,
어머니의 산 '불모산(佛母山)'

특집. 곰이 세운 절, 불모산 성주사

글. 도명 스님

사진. 유동영

**허왕후와 장유화상이
걸어온 길**

창원 성주사(聖住寺)가 위치한 산 이름이 불모산(佛母山), 곧 '어머니의 산'이다. 어머니의 산이라는 이름에서 불모산은 '잉태의 산'임을 알 수 있다. 남해와 닿아 있는 불모산 서쪽에 창원 성주사가 있다면, 동쪽으로는 김해 장유사(長遊寺)가 있다. 불모산은 어떤 이야기들을 품고 있을까? 가야 불교를 잉태한 불모산으로 들어가 보자.

<h3 style="text-align:center">인도 공주와 불교의 도래</h3>

지난 9월 중순 신도들과 함께 베트남 성지순례를 다녀왔다. 베트남에 대해 아는 정보는 은사이신 현 범어사 방장 정여 대종사님으로부터 들은 베트남 전쟁에 관한 이야기, 최근의 눈부신 경제 발전, 그리고 전 베트남 축구 국가대표 박항서 감독에 대한 신화가 전부였다.

그런데 베트남과 한국의 인연이 베트남 전쟁 훨씬 이전인 조선과 고려시대에도 있었다는 사실을 관광 가이드에게서 듣게 됐다. 과거 '월남'이라 불렸던 베트남은 『조선왕조실록』에도 118회나 등장하며, 한국과의 인연은 11~13세기 번성했던 대월(大越) '이(李) 왕조'의 6대손인 왕자 이용상(李龍祥, 1174~?)이 전란을 피해 고려에 귀화한 때부터였다고 한다.

그런데 옛 가야권에서는 이보다 천 년이나 앞서, 베트남보다 훨씬 멀리 있는 인도의 공주가 가야(가락국)의 건국자인 김수로왕에게 시집왔다는 이야기가 전해온다. 그때 '불교도 함께 전래됐다'라는 놀라운 사실이 일연 스님께서 지은 『삼국유사』에 등장한다. 물론 우리나라에 불교가 전래된 시기에 대한 사학계의 통설은, 김부식이 편찬한 『삼국사기』에 따라 고구려 소수림왕 2년(372) 이라는 것을 부동의 절대 연도로 하고 있다. 그러나 일연 스님이 저술한 『삼국유사』 「금관성 파사석탑」조에 의하면, 이보다 324년이나 앞선 수로왕 7년(48)에 인도 아유타국의 공주 허황옥이 불교를 전했다고 기록한다.

> "금관(金官) 호계사(虎溪寺)의 파사석탑(婆娑石塔)은 옛날 이
> 고을이 금관국일 때 세조 수로왕(首露王)의 비 허황후(許皇

진해 앞바다에서 바라본 불모산. 『삼국유사』에 "갑자기 바다의 서남쪽에서 붉은색 돛을 단 배가 붉은 기를 매달고
북쪽을 향해 오고 있었다" 기록한다. 진해 바다는 아유타국의 공주 허황옥이 지나간 길이다. 허황옥이 탄 배가
망산도로 가기 위해서는 이 바다를 지나야 한다.

后), 이름 황옥(黃玉)이 동한(東漢) 건무(建武) 24년 무신(48년)에 서역 아유타국(阿踰陁國)으로부터 싣고 온 것이다. (중략) (정박한 그곳)을 지금 주포(主浦)라 하고, 처음 산등성이 위에서 비단 바지를 벗었던 곳을 능현(綾峴)이라 하며, 붉은 깃발이 처음 해안에 들어왔던 곳을 기출변(旗出邊)이라 한다."

- 『삼국유사』 「금관성 파사석탑」 조

우리의 고대 문헌에 불교 전래에 대한 최초의 기록이 명백히 존재한다. 또한 김해를 비롯한 경상남도 일대에는 허왕후(결혼 전 공주일 때의 이름은 허황옥)와 불교 전래에 대한 민담과 설화, 전설들이 곳곳에 전하고 있다. 이처럼 가야불교 초전(初傳)에 대한 흔적들이 산재하기에, 일부 학자의 말처럼 "김해김씨를 비롯한 가락종친회와 불교계가 합작해 만든 사찰 비즈니스"는 결코 아니다.

『삼국유사』에 등장하는 지명들이 지금까지 전승되고 있으며, 현지의 노인들도 기록과 같은 옛날이야기를 마을의 선대 어른들로부터 전해 들었다고 주장하기 때문이다. 허황옥 공주의 도래를 기록한 「가락국기」에는 공주가 온 곳이 서역 아유타국이며, 바다로 왔다고 했다. 공주의 이동 경로가 제대로 기록되지 않아 인도에서 바로 왔다는 설과 중국을 거쳤다는 설 또는 태국에서 왔다는 설 등 다양한 설이 있다.

이에 비해 공주가 도착한 국내의 이동 경로는 비교적 상세히 나온다. 이동 순서대로 나열하면 망산도, 기출변, 승재, 유주지, 별포진두, 능현, 만전, 종궐, 주포, 본궐이다. 가야불교에 천착한 필자는 이들 10개 지점을 허왕후 도래 경로의 특정 장소로 보고 있다. 향토사학자

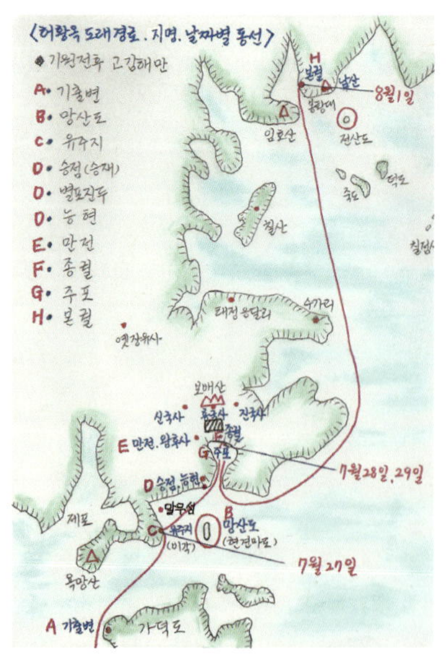

허황옥 도래길. 그림 도명 스님

정영도 선생님과 함께 망산도를 필두로 이들 지점을 탐색하고 여러 번에 걸쳐 현장을 답사했다.

망산도와 견마도

인도 아유타국의 공주 허황옥이 왔다는 진해 앞바다에는 망산도(望山島, 일명 말무섬)라는 조그만 섬이 있다. 현재는 부산시 강서구에 속해 있다. 전하는 이야기에 따르면, 허왕후가 올 때 수로왕의 명을 받은 유천간(留天干)이 공주의 배를 최초로 목격했다는 곳이다. 다년간의 연구 결과 필자는 망산도가 과거 '견마도(牽馬島)'라 불렸던 섬이란 사실을 새롭게 밝혔다.

기출변과 승재, 유주지

『삼국유사』에 기록된 '붉은 깃발이 처음 해안에 들어온' 기출변(旗出邊)은 가덕도 서북단으로, 과거 고직말(古直末)로 불린 곳이다. 말 그대로 '옛날(古) 공주가 도착한 곳을 곧바로(直) 가리키는 끄트머리(末)'로 옛 지도에 그대로 남아 있다. 승재(乘岾)는 '신귀간(神鬼干)이 말 타고 넘은 고개'로, 공주가 이 땅의 산신께 비단 바지를 벗어 일종의 신고식(폐백)을 한 곳이다. 허왕후 사후 수로왕이 '능현(陵峴)'으로 지명을 바꿨다. 유주지(維舟地)는 공주의 배를 처음 댄 곳이며, 별포진두(別浦津頭)는 다음날 공주가 처음 내린 지점이다.

만전과 종궐

만전(幔殿)은 수로왕과 공주가 이틀간의 신혼을 보냈던 곳이며, 종궐(從闕)은 '본궐에 종속된 궐'인 제2의 궁전이 있던 곳이다. 주포의 중심 권역으로 일종의 관청 역할까지 겸했다. 『삼국유사』「가락국기」를 보면 공주를 비롯한 일행 40명이 묵었던 상황을 상세히 설명하고 있는데, 바로 종궐에서 있었던 일이다.

부산신항만에서 바라본 불모산. 정상에 송신탑이 보인다. 앞에 있는 섬이 견마도(牽馬島)다. 배가 들어오는
것을 보고 "유천간 등은 먼저 망산도 위에서 횃불을 올리니 곧 사람들이 앞다퉈 육지로 내려 뛰어왔다" 한다.
'망산도(望山島)'는 창원시와 부산시 경계에 있는 현 견마도로 추정된다.

주포

수로왕과 인도 공주가 이틀 밤의 신혼을 보냈다는 항구 마을 주포(主浦)는 원래 별포(別浦)였는데, 허왕후 사후에 그녀를 너무나 사랑했던 수로왕이 그녀가 거쳐 간 지명들을 기념해 이름을 바꿨다. 원래 이름인 별포는 말 그대로 가야의 '특별한 포구'로 가야의 국제적인 대외무역항 역할을 했다. 가야가 해양제국이란 이름을 얻게 된 배경에는 현재 김해평야로 변한 거대한 내해(內海)와 별포와 같은 국제적인 무역항이 있었기에 가능했다.

이렇듯 허황옥 공주의 가락국 도래 루트인 '혼인 길'을 따라가다 보면 『삼국유사』의 기록과 정확하게 일치한다는 점을 알 수 있다. 일연 스님은 발로 뛰는 재야 사학자로 역사적 현장에 직접 와서 확인한 후에 글로 남겼기 때문이다.

장유화상과 불모산

「가락국기」는 몇 개의 테마를 가지고 있는데, 그중 하나가 허황옥의 가락국 도래와 그 후 진행된 가야의 발전이다. 가야의 번영에는 해양문화 전래와 (전 홍익대 박장식 교수가 밝혀냈듯) 허왕후 집단이 가져온 철 제련법이 결정적인 역할을 했다. 그리고 불교의 도래는 당시 삼국과 다른 독특한 문화의 발전으로 이어졌을 것으로 보인다.

　조선 전기인 1544년, 골수 유학자인 신재(愼齋) 주세붕(周世鵬)이 찬술한 「장유사 중창기」에는 허왕후의 오빠로 이 땅에 불교를 전했다는 장유화상에 대한 기록이 나온다. 여기에는 화상이 '월지국의 신령한 스님(月支國神僧)'으로 등장한다. 이에 근거하면 화상은 인도 아유타국의 왕자로 출가해 불법을 전하기 위해 동생 허황옥과 함께 가락국에 온, 한국불교의 초대 조사인 해동초조(海東初祖)이다. 1915년 허렴이 찬술한 「가락국사 장유화상 기적비」에는 장유화상의 행적을 다음과 같이 적고 있다.

> "화상의 성은 허씨이며, 이름은 보옥(寶玉)이니 아유타국 국왕의 아들이다. (중략) 부귀를 뜬구름같이 하고 드디어 진세의 모습에 초월하여 불모산(佛母山)으로 들어가 길이 놀고 돌아오지 않으니, 세상에서 장유화상이라 함은 아마 이 때문이리라."

허렴은 화상께서 교화와 전법보다는 수행을 위주로 했다고 평가했다. 세상의 부귀영화보다는 진리를 삶의 중심에 두고 살았으며, 초연히 세상을 등지고 불모산에 들어가 '오래 머물며 수행했기 때문'에 장유화상(長遊和尚)이라고 했다.

불모산에 얽힌 가야불교 이야기

창원 불모산 아래에 있는 성주사는 9세기 초 무염국사가 창건했다고 한다. 임진왜란 때 전소된 뒤 진경 스님이 다시 중건할 때, 곰이 불사를 도왔다 해서 일명 '곰절'로도 불렸다. 성주사는 통일신라 때 창건했다고 알려졌지만 이 사찰이 자리한 불모산의 유래가 가야불교에서 연원했다는 주장이 제기되면서, 산 반대편에 위치한 장유사와 마찬가지로 가야시대에 창건했다는 주장이 힘을 얻고 있다. 허왕후와 오빠 장유화상이 가야에 불교를 이식했고, 처음 불교를 잉태시킨 산이란 뜻으로 '불모산(佛母山)'이라 부르게 됐으며, 그 자리에 성주사를 지었다는 것이다.

천선동사지 출토 삼층석탑. 불모산터널 가는 길의 오른쪽 산자락에 통일신라시대 절터가 있다. 통일신라시대
9세기경으로 추정되는 불상 1구와 고려시대 조성된 석탑 부재가 출토됐다. 삼층석탑은 용지공원으로 옮겨 복원했다.

삼정자동 마애불. 불모산터널 왼쪽 산자락에 있다. 통일신라시대에 조성됐으며, 창원에서 가장 오래된 불상 중 하나다. 광배도 있으며, 좌대를 덮고 있는 옷자락이 특이하다.

천선동사지 불상. 용지공원에 복원된 삼층석탑도 이 터에 있었다. 몸체는 통일신라시대 후기로 추정되지만, 머리는 근래 조성돼 뭔가 어색하다. 인근 마을 주민들이 오랫동안 신앙했던 부처님이다.

성주사 어수각(御水閣) 샘물. 김수로왕과 허왕후가 출가한 아들을 보기 위해 성주사를 찾아와 마셨던 샘물로 전해진다.

이를 뒷받침하는 창건 설화가 전해온다. 장유화상이 산 너머에 토굴을 지어 수행하다가 얼마 후 성주사로 와서 조카인 일곱 왕자를 출가시켰다는 내용이다. 사찰 입구 부근에 자리한 샘물인 어수각도 이러한 설화를 뒷받침한다. 출가한 왕자들이 보고 싶었던 수로왕 내외가 왕자들이 수행하던 성주사에 가끔 찾아왔고, 이때 자식에 대한 부모의 타는 목마름을 달래준 샘물이 '어수각(御水閣)'이다.

이처럼 가야불교와 관련된 이야기가 전해지는 불모산은 이 땅에 불교를 처음 태동시킨 산이라는 주장과 일곱 왕자의 어머니인 허왕후를 위해 붙여진 산 이름이라는 설이 있다. 그리고 칠 왕자를 성불시킨 스승인 장유화상을 기리기 위해 지어진 산 이름이라는 몇 가지 주장으로 나뉘는데, 모두 그럴듯한 스토리를 가지고 있어 흥미롭다. 성주사와 장유사가 있는 불모산은 가야불교와 관련한 장유화상과 허왕후, 그리고 수로왕과 일곱 왕자의 아름다운 이야기가 전해오는 역사문화 콘텐츠의 보고(寶庫)이다.

사실 전 세계에 산재한 고대의 결혼 신화 가운데 가장 오래되고 상세한 기록이 우리의 역사서 「가락국기」에 전하고 있다. 여기에는 전법을 위해 목숨을 걸고 2만 5,000리의 바다를 건너온 신심 깊은 남매의 이야기뿐 아니라, 수로왕과 장유화상의 '가야 불국토 프로젝트'도 숨겨져 있다. 수로왕과 허왕후가 '검은 머리가 파뿌리 되도록 함께한' 아름다운 백년해로와 국경을 초월한 숭고한 사랑, 그리고 10남 2녀를 낳아 행복한 가정을 이룬 전형은 오늘날 우리가 본받아야 할 소중한 가치다.

불모산에서 시작된 가야불교는 부산·창원·진해·김해 등 영남권 전역을 아우르는 한국불교의 블루칩이다. 해당 지역의 불교 단체와 불자들이 많은 관심을 가져야 할 것이다. 주위를 돌아보면 이웃 나라와 종교에서는 없는 역사도 만들기 위해 많은 노력을 기울인다. 그런데 우리는 무지로 인해 있는 역사마저 못 찾아 먹는 우(愚)를 범해선 안 될 것이다.

어수각의 물이 이 천년 세월에도 마르지 않았듯 천년 역사의 가야불교 또한 온갖 시련 속에서도 면면히 그 생명을 이어 오고 있다. 이제 바야흐로 시절 인연이 도래해 망각 속에 묻힌 진실이 세상에 드러날 때가 성큼 다가오고 있다. ●

__________ 도명 스님

1998년 정여 대종사를 은사로 범어사로 출가해 불국사 승가대학을 졸업했다. 2022년 가야불교 연구서 『가야불교, 빗장을 열다』에 이어 2025년 광개토태왕릉비의 변조를 밝힌 『비문 전쟁』을 저술해, 숨겨지고 왜곡된 우리 역사를 바로 세우는 일에 매진하고 있다. 현재 범어사에서 성보박물관 부관장으로 재직하고 있다.

"풀을 다 베면 벌레들은 어디서 살아?"

창원 성주사 조실 홍교 스님

글. 김남수

사진. 유동영

창원 성주사의 큰 어른으로 홍교 스님이 계신다. 1959년 동산 스님을 은사로 출가해 범어사 주지와
전계대화상, 종로 대각사 주지와 (재)대각회 이사장 등 여러 소임을 맡았다. 1980년대 초 성주사
소임을 처음 시작해 지금은 조실로 계신다. 홍교 스님을 모시고 출가한 이야기, 사형이 되는
성철 스님과 광덕 스님 이야기, 성주사 이야기를 들어봤다.

홍교 스님은 고등학교를 마치고 대학 입시를
위해 나주 다보사를 찾았다. 다보사에는
사법시험을 준비하는 고시생 3~4명이 있었고,
전라도 도인으로 불리는 우화 스님이 계셨다.

스님 집은 다보사 가까이에 있었다. 집안은
다보사와 깊은 인연이 있었다. 아버지는
과수원을 운영하고 있었는데, 우화 스님이
농사짓는 논이 바로 옆이었다. 어머니는 항상
과수원 문을 열어뒀다. 우화 스님이 논일을
하다가 언제라도 과수원으로 들어와 쉴 수
있도록 배려했고, 과수원에서 나오는 배와 과일
등을 절에 공양했다.

홍교 스님이 머리를 깎은 계기는 따로 있었다.
어느 날 우화 스님이 장에 간 사이, 마당의
풀을 베고 빗자루로 깨끗이 청소했다. 스님이
돌아오신 후 이야기한 한마디가 가슴을 크게
때렸다.

> "누가 마당을 정리했나?
> 풀을 모두 베어 버리면 벌레들은
> 어디서 살아?"

나지막이 한 말씀이지만, 큰 바위 덩어리가
가슴을 치는 기분이었다. 내심 칭찬을
기대했건만, 스님의 말씀이 '아~ 중이
돼야겠구나' 하는 생각을 하게 했다. 그리고
스님들이 때맞춰 삭발하는 모습이 멋있어
보였다고. 그렇게 대학 입시를 준비하러
다보사를 찾았다가 행자 생활을 시작했다.

어느 날 우화 스님은 "중 생활을 제대로
하려면 범어사, 해인사, 상원사 세 곳 중 한
군데로 가라"고 말씀했다. 지도를 보니 범어사가
제일 가까운 듯해 '범어사로 가겠습니다' 하면서,
다보사를 나섰다.

나주에서 부산까지는 먼 거리였고, 당시에는
교통편도 여의치 않았다. 진주에서 하룻밤을
보낸 후 부산에 도착했다. 전차를 타고 동래
온천장까지 간 다음, 범어사까지 1시간 걸려
올라갔다. 어느덧 해는 산 너머로 넘어가고 있을
때다.

일주문과 천왕문을 지나면서 "아따, 만화
속에서나 나오는 곳이구면" 하는 혼잣말을
하면서 법당 앞에 도착했다. 그곳에 노란 옷을
입은 스님 한 분이 서 계셨다. 조계종 종정을
역임한 동산 스님이었다.

> "스님, 동산 스님은 어디
> 계십니까?"
> "어찌 왔냐?"
> "출가하러 왔습니다. 우화 스님이
> 이리로 가라 하셨습니다."
> "우화 스님이 어찌 이리로 보냈나?"
> "동산 스님이 큰 스님이라 이리로
> 보냈습니다."

은사 스님과의 첫 만남이었다. 동산 스님이
부엌에서 불 때는 일을 첫 소임으로 맡겼고, 그해

9월 14일 계를 받았다. 스님은 범어사에서 동산 스님 시봉을 2년 정도 했다. 불 때고 빨래하고 승복에 풀을 매기기도 했다.

뜨거운 물에 찬물 섞는 일을 깜박한 것이었다.

그래도 동산 스님은 흥교 스님을 이뻐하셨다. 나중에 강진 백련사에서도 1년 정도 모셨다.

광덕 스님

월간 「불광」과 불광사를 창건한 광덕 스님과의 직접적인 인연은 동산 스님 49재 때다. 1965년 동산 스님이 입적하고 49재를 마무리한 후, 범어사 마당 계단에 턱 하니 앉아 있었다. 그때 광덕 스님이 오셨다.

"짐 싸" 한마디 하더니 데려간 곳이 대각사다. 얼마 후 광덕 스님이 봉은사 주지로 갔을 때도 따라갔다.

봉은사 원주로 시작해 재무 소임을 살았다. 큰일 중 하나가 쌀을 거둬들이는 일이었다.

광덕 스님도 흔쾌히 동의하셨다고. 그렇게 들어온 쌀을 봉은사에서 운영하던 2개의 보육원, 조계사나 대각사 같은 절, 동네 어려운 사람들에게 나눠주는 일도 스님의 몫이었다.
　흥교 스님은 대각사, 봉은사 시절을 이야기할 때 웃음이 제일 환했다. 20~30대의 젊은 시절이었다. 광덕 스님에 대해 한말씀 하신다.

조계종 종정을 역임한 성철 스님은 동산 스님의 맏상좌였고, 홍교 스님은 막내뻘 상좌가 된다. 맏형하고 막냇동생 같은 사이였단다. 성철 스님이 범어사에 오실 때면 "홍교 어딨노, 니가 내 시봉해야지" 하면서 스님을 불렀다.

하루는 성철 스님을 건드려 봐야 할 듯해서 농을 건넸다.

> "스님, 스님이 해인사
>   대장이라면서요."
> "이 자식이. 대장이 뭐냐,
>   조실이지."
> "아니 조실이 대장 아닙니꺼."

성철 스님은 1951년, 한국전쟁 당시 성주사에 몸을 맡긴 적이 있다. 당시에는 비구니 스님들이 전쟁을 피해 대웅전 아래 계곡 근처에 천막을 치며 머물던 시절이다. 성철 스님 역시 성주사에서 안거를 나기도 했고, 성주사를 총림으로 만들 구상도 했다. '봉암사 결사' 전에 수행도량으로 성주사를 생각했던 듯하다. 시절 인연이 되지 못했다.

홍교 스님이 1980년대 초 성주사로 들어온 후, 성철 스님이 성주사를 다녀가셨다. '사제가 잘 살고 있나' 보러 온 듯하다. 그때 홍교 스님은 여성 불자들과 차를 마시고 있었다.

성철 스님은 차 한잔 마시고는 "너, 보살들하고 앉아서 차 마시냐?" 하고는 찻상을 엎어버렸다. "나 갈란다" 한마디 던지고 절

"조계종은 범어사에서 출발했어."

밖으로 나갔다. 스님은 이튿날 해인사로 곧바로
찾아뵙고 말씀드렸다.

"예"하고 해인사를 나왔다. 다음에 다시 해인사를
찾을 일이 생겼다. 성주사 불사를 위해 성철
스님이 계시던 곳을 정리할 필요가 있었다.

두 분은 이런 사이였다. 홍교 스님이 범어사
주지로 있을 때, 범종이 깨져서 성철 스님의
도움을 받은 이야기도 해 줬다.

범어사

홍교 스님이 1959년 출가할 때는 새파란
스무 살의 행자였지만, 지금은 범어사의
어른으로 모셔진다. 주지도 역임했고, 범어사
계단(戒壇)을 책임지는 전계사(傳戒師)로 계를
수여하기도 했다.

범어사 이야기를 부탁했더니, 뜸을 들이신
다음에 이야기한다.

광덕 스님은 보자마자 또 "짐 싸" 한마디 하고는
범어사로 데려갔다. 다음 날이 안거 해제
날이었던 듯하다. 큰 방에 100여 명 스님이
있었는데, 광덕 스님이 "사중에서 회의를 진행해
홍교 스님을 범어사 재무로 맡기겠습니다"라
발표했다. 일부 반대가 있었지만, 광덕 스님이 "이
사람은 밥 얻어먹으러 온 것이 아닙니다" 하면서
방패막이가 돼 주었다고. 그렇게 재무 소임을
시작해 후에 주지도 맡게 됐다.

범어사는 어른이 많고, 대중 스님들 역시
많은 곳이었다. "범어사 대중으로 사는 것이 쉬운
일은 아니었다"고. 어려울 때나 새 소임을 시작할
때마다 이 일을 마음속에 담았다.

범어사 땅을 되찾은 일은 보람 있었다 한다.
일제 강점기에 범어사는 중앙 종단이나 동국대를
설립할 때 많은 땅을 기부했다. 지금의 범어사
일주문 아래로 마을까지 30만 평이 동국대
소유로 돼 있었다.

땅을 되찾으러 총무원이나 동국대에서
발품을 팔았는데, "그때 기부한 것을 어떻게
해결하냐"고 다들 말리고 어려워했다. 어쩔 수
없이 재판을 준비하고 있었는데, 도광 스님이
"재판하지 마라. 내가 한 번 일을 해 보겠다"
하셨다.

그리고는 1년 뒤에 전화가 왔다.

"광덕 스님은
나에게 형님이었고,
아버지였어."

태창섬유는 청바지를 만들어 수출하던
기업이었다. 당시 회장이 도광 스님과
인연이 있었던 게다. 스님은 태창 회장실에
들어가자마자 큰절을 올렸다.

한참을 그냥 앉아 있었다. 30분 지났을까? 회장이
"스님, 오늘은 올라가십시오" 하고 보내더니, 한
달 뒤에 "스님, 사람을 보내십시오"라며 전화가
왔다. 그렇게 태창 회장이 땅 문제를 해결해 줬고,
조금 남은 돈으로 지금의 부산 불교회관 건물을
짓게 됐다.

홍교 스님은 무엇보다 범어사에 대한
자부심이 남다르다.

"중은 공심(公心)이 먼저야"
스님이 성주사와 첫 인연을 맺은 것은 1970년대
범어사 소임을 살 때다. 분담금을 받으러 왔는데,
성주사가 그리 좋았단다.

있었고, 초가집 두 채가 있었지.
그렇게 좋더라고. 나중에 여기서
중 생활을 마무리해야겠구나
생각했지.”

1980년대 초 돼서야 성주사와 인연을 맺게
된다. 첫 소임 시절은 상좌 원정 스님에게 맡기고
선방으로 들어갔다. 성주사 불사에 허문도와
동명목재의 도움이 컸다고.

5공화국의 중심인물이었던 허문도는 경남
고성 출신인데, 범어사를 자주 다녔다. 하루는
“허장군, 성주사 도로 좀 내줘” 부탁했더니,
다음날부터 군인들이 절에 와서 도로를 내기
시작했다고. 건물을 짓는 데는 동명목재 강석진
회장의 도움이 컸다 한다.

성주사에 대한 자부심도 드러낸다.

“조계종 종정을 하신 성철 스님과
고암 스님이 계셨던 곳이고, 광덕
스님도 자주 오셨지. 광덕 스님은
여기서 100일 기도를 두 번이나
했어.”

인터뷰가 꽤 오랜 시간 진행됐다. 마지막 말씀을
부탁드렸다.

“중은 큰 절에서 살아야 해. 그래야
중답게 되지. 우화 스님이 나를
동산 스님에게 보낸 이유기도 해.
그리고 공심(公心)으로 살아야

해. 일하다 보면 안 될 때도 있어.
그런데 안되면 어거지로라도
해야지.
성주사가 어떤지 물었지? 지금도
도량이 좋아. 물도 좋고. 그리고
여기 산은 악산(岳山)이 아니야.
악산에 사는 사람은 성질이
사나워. 허허. 여기는 부잣집
같잖아?” ●

“공심(公心)으로 살아야 해.”

곰이 세운 절,
성인이 머문 절

특집. 곰이 세운 절, 불모산 성주사

글. 주수완

사진. 유동영

**불모산 성주사의
문화유산**

'성인이 머무는 절'이라는 뜻을 지닌 성주사(聖住寺)는 통일신라 흥덕왕 때 무염 스님(無染, 800~888)이 창건했다고 전해진다. 성주사에 전하는 1876년에 그려진 무염국사의 진영을 보면 무염 스님의 성주사 창건설은 꽤 오래전부터 전해 내려오던 이야기임을 알 수 있다. 1746년에 동계 스님이 쓴 「성주사사적문」에서도 무염 스님이 세웠다고 기록하고 있는 것을 보면 이러한 믿음은 더 오래전으로 거슬러 올라간다.

그러나 흥덕왕 때는 무염 스님이 중국 당나라에 유학 중이었다는 이유로, 무염국사 창건 설화는 사실이 아니라는 설도 있다. 어쩌면 무염 스님이 세웠다고 하는 보령 성주사와 이름이 같아 잘못 전해졌을 수도 있지만, 수백 년 혹은 그 이상 이러한 믿음이 전해졌다면 사실 여부를 떠나 그 자체로 의미를 지닐 것이다. 더구나 무염 스님이 세운 성주산문의 본찰은 보령 성주사였지만, 이 절은 현재 터만 남아 있다. 반면 창원 성주사는 성주산문을 계승한 사찰로서 공주 마곡사와 더불어 지금까지 법맥을 잇고 있다는 점에서 그 의미가 크다 하겠다. 특히 충청도 기반의 성주산문이 남해를 바라보는 경남까지 영향을 미쳤다는 점은, 선종(禪宗) 구산선문(九山禪門)의 확산 과정을 보여주는 한 예라는 점에서도 주목된다.

성주사 무염국사 진영은 현존하는 유일한 스님의 초상화인데, 일반적인 고승 진영과 달리 정면을 향해 앉은 자세와 뒤에 소나무와 구름이 그려진 형식이 특징적이다. 이러한 나무와 구름이 단지 스님 뒤에 걸린 그림인지, 아니면 실제 나무를 배경으로 그림을 그린 것인지는 분명치 않다. 어쩌면 일부러 이렇게 그려서 안과 밖, 실제와 허상의 구분이 모호한 것임을 암시하려는 것이 아니었을까.

기록에 의하면 무염 스님은 선종의 조사였지만, 교학의 중요성도 인정했다고 한다. 그래서인가 성주사에 전하는 또 다른 스님들의 초상화는 모두 "선교양종(禪敎兩宗)"이란 칭호로 시작한다. 〈선교양종 포암당 대총〉, 〈선교양종 서봉당 의정 대선사〉, 〈선교양종 등암당 찬훈 대선사〉 이렇게 세 분의 진영은 표정이 생생해 '진영(眞影)'이란 뜻처럼 스님들의 잔

2025년 2월에 준공한 조사전(祖師殿). 대웅전 좌측에 조성됐다. 성주사를 창건하고 중건한 스님들의 진영을 모셨다.

성주사를 창건한 무염국사 진영.

성주사에 머무셨던 성인들. 좌로부터 선교양종 포암당 대총, 선교양종 서봉당 의정, 선교양종 등암당 찬훈 대선사 진영.

영을 진정 뵙는 듯하다.

의정·찬훈 두 스님은 거의 동일한 형식과 배경으로 그려졌는데, 묘법 연화경이 있어 역시 참선을 중요시하는 선사이면서도 경전 읽기를 중요하게 생각한 무염 스님의 가르침이 이 성주사에 전해졌음을 알 수 있다. 또한 두 분 스님이 걸친 가사에는 끝단에 '왕(王)' 자가 새겨 있어서 당시 스님들의 가사 형식을 이해하는 데도 참고가 된다. 예술적으로도 뛰어난 초상화인 이 네 폭의 고승 진영은 과거에는 극락전의 좌우 벽면에 걸려 있었는데 최근 정식으로 조사전을 지어 모셨으니, 이제 이 스님들에 관한 연구가 본격적으로 이뤄질 것으로 기대된다.

성주사와 곰, 그리고 가야

성주사는 한때 웅신사(熊神寺)로도 불렸다. 웅신, 즉 '곰신'의 절이라는 뜻이다. 앞서 무염 스님이 창건한 것으로 전해지는 마곡사가 위치한 공주 역시 옛 이름이 웅진(熊津), 즉 곰나루터다. 무염 스님과 곰이 연관된 것은 우연일까? 물론 마곡사는 절의 창건과 곰이 직접적으로 연관된 것은 아니다.

곰과 연관된 창건 설화를 지닌 절은 불국사와 석굴암도 있다. 창건주인 김대성이 토함산에 사냥을 나갔다가 곰을 죽였는데, 그날 밤 꿈에 곰이 나타나 자신을 죽인 것을 나무라며 대신 자신을 위해 절을 지어주면 용서해 주겠다고 했다. 이에 김대성이 처음에는 곰을 위해 장수사(長壽寺, 혹은 웅수사熊壽寺)를 짓고, 이후 불심이 더 깊어져 불국사와 석굴암을 지었다는 창건 연기다. 혹자는 이 곰신이 토함산신이며, 단군신화 이래 곰은 국모신(國母神)인 여산신으로 널리 숭배됐다고도 한다. 그렇다면 성주사가 위치한 불모산 역시 국모신이 불모신(佛母神)으로 변화된 것이 아닌가 짐작하게 한다.

성주사가 웅신사로 불렸던 이유는 이 절이 임진왜란 때 전부 불에 타버린 후 1604년 진경대사가 중창을 할 때로 거슬러 올라간다. 이때 원래의 성주사 터에는 목재들을 잔뜩 쌓아뒀는데, 밤새 불모산의 곰들이 이

목재들을 지금의 성주사 자리로 옮겨놓았다. 이를 부처님의 뜻으로 알고 새 자리에 절을 중창하게 됐고, 이를 기려 웅신사라 했다는 것이다.

성주사에는 여기에 이어지는 더 흥미로운 곰 설화가 전한다. 스님들이 성주사에서 수행하고 있을 때마다 곰이 몰래 내려와 공양간의 밥을 훔쳐 먹다가 스님들이 삼매에 드신 모습을 보고는 자기도 그 모습을 따라 하는 습관이 생겼다. 그 공덕으로 다음 생에 사람으로 태어난 곰은 성주사의 땔감을 맡는 부목(負木)이 됐는데, 여전히 스님들이 좌선하는 모습만 보면 따라 하다가 밥솥의 밥이 타는 줄도 모르고 있었다. 이에 공양간 앞을 지나가던 스님이 놀라서 정신을 차리게 하려고 지팡이로 그의 머리를 내리쳤는데 그 순간 그는 자신이 곰이었던 시절부터의 인연을 깨닫게 됐고, 이후 더욱 용맹정진해 큰 깨달음을 얻은 스님이 됐다는 전설이다. 웅진의 곰, 토함산의 곰이 다소 슬픈 사연을 지녔다면, 불모산 곰 설화는 완전한 해피 엔딩이다. 배운 것이 없던 곰과 나무꾼이었지만 곰처럼 미련할 정도로 열심히 정진하면 깨달음을 얻을 수 있다는 교훈을 주는 것은 아닐는지.

그래서인지 성주사에서는 다른 절에서 보기 힘든 불교미술을 만날 수 있다. 우선 절 경내로 들어서는 입구에는 커다란 코끼리와 곰이 양옆

성주사 천왕문 앞을 지키는 코끼리와 곰.

성주사 대웅전에 그려진 곰 설화 벽화.

을 지키고 있다. 일반적으로 이런 경우 코끼리와 사자가 짝을 이뤄 보현보살과 문수보살을 상징하거나 혹은 사자 두 마리가 지키는 경우가 많은데, 성주사는 곰절의 역사를 반영해 다른 곳에서는 볼 수 없는 곰 문지기가 세워진 것이다. 그리고 성주사의 중심 법당인 대웅전에는 환생한 곰이 용맹정진해 깨달음을 얻는 이야기가 벽화로 친절히 그려져 있어 감동을 준다. 비록 사람으로 환생하기는 했지만 전생에 곰이었다는 것을 알려주기 위해 생김새를 곰으로 그려서 감동뿐 아니라 귀여움까지 선사하니 그저 보는 것만으로도 흐뭇해진다.

한편 성주사가 가야시대에 세워졌다는 설도 있다. 수로왕의 부인이 되는 허황옥은 인도에서 올 때 사촌 오빠인 장유화상과 함께 왔다. 이 장유화상이 가야 땅에 처음 세운 절이 바로 성주사이고, 여기서부터 우리나라의 불교가 잉태됐다고 하여 불모산이라 이름했다는 것이다. 허황옥 불교 전래설을 전설로만 보는 견해도 많지만, 근래에는 바닷길을 통한 교역을 통해 가야가 실제로 가장 먼저 불교문화를 접했을 가능성이 있음을 밝히는 연구도 있어 주목된다. 흥미로운 것은 대가야의 시조인 이진아시왕과 수로왕을 낳았다고 하는 정견모주 역시 웅녀가 산신으로 변화했다고 보기도 한다. 그렇다면 불모산의 웅신 역시 웅녀이자 가야의 어머니 여신의 성격을 지닌 존재로 볼 수 있다.

성주사의 보물들

성주사에는 국가 문화유산인 보물로 지정된 4점의 성보가 전한다. 첫째는 대웅전에 모셔진 목조석가여래삼불좌상이다. 석가, 아미타, 약사의 세 부처님을 모신 것으로 1655년에 녹원 스님을 비롯한 11분의 조각승이 협력해 조성했다. 특히 복장(腹藏) 유물 기록에 따르면 이 불상들은 처음부터 웅신사에 모셨던 것으로 되어 있다. 곰 설화의 배경이 된 임란 후 중창 설화처럼, 실제로 이 무렵 절의 이름을 '웅신사'로 바꿨음을 알 수 있다. 조성된 이래로 제자리를 지키고 있는 중요한 불상 조각상이다.

이 불상을 조각한 녹원 스님은 1659년에는 기장 장안사에서 불석(佛

石)으로 석조석가여래삼불좌상을 조성했는데 이 삼불상도 보물로 지정
돼 있다. 현존하는 작품이 많지는 않지만 이처럼 대부분 보물로 지정될
만큼 녹원 스님은 예술성이 높은 불상들을 조성한 조각승이다.

불상의 커다란 귀는 그간 얼마나 많은 불자의 기도를 들어왔을지를
보여주는 것 같다. 또렷한 눈동자로 중생들을 내려다보는 부처님의 흐트
러짐 없는 눈빛에서는 오랜 경륜이 느껴진다. 세 분 부처님의 표정을 가
만히 들여다보고 있노라면 중생들의 고통을 들으며 "아이구 그랬구나,
다 괜찮다, 이제는 괜찮다" 하고 위로하는 것만 같다.

두 번째 보물은 1729년에 그려진 감로왕도인데 지장전 오른쪽 벽에
걸려 있다. 이 불화를 그린 화승은 세관 스님으로, 이보다 앞서 직지사에
서 1724년에 감로왕도 제작에 참여한 적이 있다. 당시는 말단 화원이었
으나 5년 뒤 성주사 감로왕도에서는 수화승(首畵僧), 즉 최고 책임자로서
참여한 것이다. 그전까지는 수련생이었다면, 성주사 감로왕도를 그릴 무
렵부터 본격적으로 실력을 인정받아 수화승으로 활발히 작업을 이어나
가기 때문에 세관 스님에게는 일종의 데뷔작인 셈이었다고 할까.

그래서인지 다른 감로왕도에서는 보이지 않는 특이한 요소들이 이
불화에 들어가 있다. 즉 극락세계의 궁궐과 연못이 표현된 것인데, 마치
감로왕도와 극락구품도(極樂九品圖)를 결합한 구도인 셈이다. 이를 통해
감로왕도에서의 구제의식의 결과로서 아귀와 고혼들이 극락에 태어난
다는 결론까지 그림 안에 담아낸 것이 아닌가 생각된다. 감로왕도의 의
미를 중생들에게 더 분명하게 보여주고 싶었던 세관 스님의 새로운 아이
디어였을 것이다. 마침 그림 속 구품연지의 모습이 성주사 천왕문을 들
어서면 보이는 네모난 연못과 누각 불모루가 이루는 풍광과 꼭 닮았다.

세 번째 보물인 『몽산화상육도보설』은 책이기 때문에 별도로 보관하
고 있어서 쉽게 친견할 수 없지만, 성주사에 소장된 중요한 성보 유산이
다. 이 책은 널리 알려진 대로 원나라 때의 고승 몽산화상 덕이 스님이 쓴
것으로, 지장전에 모셔진 지장보살상의 복장에서 발견됐다. 워낙 유명한
책이어서 전해지는 것은 많지만, 성주사본은 1497년에 판각된 경판으로

성주사 대웅전. 임진왜란 당시 화재로 불이 났고, 1681년과 1817년 중건했다. 중건할 때 곰이 목재를 운반했다 전해진다.
대웅전 앞에는 고려시대 조성된 삼층석탑이 있다.

대웅전 목조석가여래삼불좌상(보물) 중 본존 석가여래좌상, 1655년, 녹원 스님 작.
부처님 복장물에서 성주사 대웅전 중창과 불상 개금 과정을 기록한 조성기가 나왔다.
기록에는 암행어사로 유명한 박문수가 대시주사로 나온다.

지 장 전

지장전에 모셔진 시왕과 동자상. 지장보살 삼존상과 시왕상 등 31구와 발원문 1점이 2025년 9월 보물로 지정됐다. 모든 존상을 경주에서 나는 돌로 조성했다.

막걸리병을 든 동자상.

지장전 석조지장보살삼존상(보물), 1681년, 승호 스님 작.

지장전 감로왕도(보물), 1729년, 세관 스님 작.

영
산
전

영산전 석조석가삼존상과 십육나한상.

염주를 든 나한상.

영산전 석조석가삼존상.

호랑이를 안고 있는 나한상.

찍어낸 초판본으로서 그 의미가 더 각별해 보물로 지정됐다.

네 번째 보물은 올해 새로 보물로 지정된 석조지장보살삼존상 및 시왕상과 그 권속 일괄이다. 성주사 대웅전 영역으로부터 동쪽에 위치한 또 하나의 경내에는 지장전과 관음전이 자리 잡고 있는데, 이 존상들은 지장전에 봉안돼 있다. 특히 지장전 존상들은 1681년 조성됐을 당시 그대로 31구의 상을 온전히 갖추고 있다. 원래부터 성주사의 전신인 웅신사에 봉안돼 지금까지 제자리를 지키고 있음이 확인된 흔치 않은 사례다.

또한 지장전 존상들은 모두 경주 불석으로 조성됐는데, 불석 조각으로 가장 유명한 승호 스님의 작품이라는 점에서 더 각별하다. 승호 스님은 성주사 외에도 1678년 청도 덕사, 그리고 1684년 기장 장안사에도 이러한 지장전 존상들을 조성해 모신 바 있다. 하지만 가장 이른 덕사 존상들 중에는 일부 사라진 것이 있고, 양식적으로도 다소 차이가 보인다. 아마도 덕사 지장전 존상들을 조성할 당시에는 책임자이긴 했지만 이전 스승들로부터 배운 기법이 남아 있었다면, 이 성주사 지장전 존상부터 승호 스님의 개성이 본격적으로 드러난 것으로 보인다. 이후 이 양식이 기

불모루와 연못.

장 장안사 명부전 존상으로 이어진 것이 아닌가 추측된다. 불석 조각승으로서의 승호 스님 역량이 발전해 나가는 과정을 잘 보여주고 있는 셈이다.

지장전의 본존이자 명부를 관할하는 지장보살의 모습은 앞서 대웅전에서 봤던 한없이 자비스러운 부처님의 모습과는 조금 차이가 있다. 말하자면 좀 더 엄격하고 단호한 모습을 보인다. 지장보살께서 지옥의 중생을 구제해주고 싶더라도 지옥은 벌을 받는 곳이기 때문에 아무나 구제해주는 것이 아니라, 뉘우친 사람들만 구하겠다는 듯한 모습이다.

다른 존상들도 마찬가지다. 거의 무표정에 가깝다. 오로지 그들 틈에 서 있는 동자상들만이 중생들을 위로하듯 부드러운 표정으로 여러 가지 물건들을 들고 있다. 그중에 특히 다른 절에서는 찾아보기 힘든 지물인 막걸리병과 잔을 들고 있는 것 같은 동자상을 찾아보자. 영화 〈쇼생크 탈출〉에서 죄수들에게 맥주 한 캔이 어떤 의미인지를 실감나게 봤다면, 지옥에서 벌받는 중생들에게 이 동자가 따라주는 막걸리 한잔이 얼마나 큰 위로가 될지 짐작이 갈 것이다. 그런 의미로 승호 스님은 이렇게 동자 하나는 술잔을 기울이는 모습으로 만들지 않으셨을까?

그 밖의 성보 문화유산

성주사에는 국가 문화유산으로 지정되지는 않았지만 그에 못지않게 가치가 있는 성보 문화유산이 다수 소장돼 있다.

우선 대웅전 옆의 영산전에는 석조석가삼존상과 십육나한상이 봉안돼 있다. 석가모니불은 보통 제화갈라보살과 미륵보살을 협시로 두며 영산전의 안내판에도 그렇게 돼 있는데, 언뜻 그 모습이 지장과 관음보살처럼 보이는 것이 특이하다. 나한존자들은 사자·호랑이·살쾡이 같은 동물들을 안고 있거나, 특히 염주를 든 나한이 많이 묘사된 것이 주목된다. 염주는 오래전부터 사용됐을 것 같지만, 의외로 불교미술에 나타나는 경우는 드문 편이다. 성주사 영산전에서 염주가 적극 사용된 것을 보면 어떤 시대상이 반영된 것 같다. 당시에는 큰 불석을 구하기 힘들었기 때문

관 음 전

관음전에 모셔진 석조관음보살입상. 동남아시아 양식이 보이며, 해양교류의 흔적을 확인할 수 있다.

정조 7년(1783)에 제작된 동종.

인지 작은 돌들로 상을 조성했는데, 그래서 존상들이 어린아이처럼 귀엽게 묘사됐다.

지장전 뒤에 있는 관음전의 석조관음보살입상도 매우 주목할 만한 조각상이다. 자연스럽게 솟은 바위의 한쪽 면을 평평하게 다듬어 얕은 부조로 관음보살을 새겼는데, 매우 높게 솟은 보관을 쓰고 있다. 이와 비슷한 형태를 동남아시아, 특히 인도네시아의 데바라자(Devarāja, 신왕神王) 조각상에서 찾아볼 수 있어서, 가야시대 이후로 동남아시아와의 해양교류의 흔적이 아닌가 생각돼 앞으로 더 주목해야 할 상이다.

성주사 천왕문 입구의 동종도 1783년에 제작된 것으로 조선시대 범종의 특징을 잘 보여준다. 종 상단에서 고리 모양을 만들고 있는 두 마리의 용은 거칠지만 그래서 포효하는 듯한 모습이 더욱 그로테스크하게 느껴진다. 종 윗단에 연화문대를 두지 않는 대신 상판(천판) 위에 연잎이 펼쳐진 듯 묘사한 것은 이 종의 특징이기도 하다. 또한 종에 새겨진 보살상의 모습은 마치 부드러운 필선으로 그려진 한 폭의 불화처럼 보여 그 섬세함에 놀라게 된다. 이 종에는 명문이 새겨져 있는데, 주종 연대와 함께 1918년 중수기록도 함께 담겨서 사료적 가치가 높다.

그 외에도 공포가 유난히 높게 솟은 독특한 맞배지붕에 아름다운 꽃살문과 벽화

대웅전 앞의 고려시대 삼층석탑.

를 지닌 대웅전도 지금은 시 지정 문화유산이지만 앞으로 더욱 가치가 높아질 가능성이 있다. 대웅전 앞의 삼층석탑도 고려시대의 석탑으로 임란 이전의 성주사 흔적을 간직한 의미 있는 유산이다.

전설은 진행중

성주사 지장전 앞에는 진신사리탑이 세워져 있다. 진신사리라고 하면 그 출처가 궁금하기 마련이다. 1993년 당시 스리랑카 국립대학의 총장이던 바지라 장로가 석가모니 부처님의 진신사리 8과를 소장하고 있었는데, 어느 날 꿈에 호랑이가 나타나서 사리 2과를 동방에 전하라는 당부를 했다고 한다. 이에 사리 2과를 전할 사찰을 찾던 중 성주사와 인연이 닿아 기증됨에 따라 1994년에 이 사리탑을 세워 봉안하게 된 것이라 한다.

성주사에 머무는 성인은 때로는 무염 스님이었고, 때로는 큰 깨달음을 얻은 환생한 곰이었고, 가까이는 이렇게 부처님 진신사리이기도 하다. 그러나 무엇보다 성주사의 진정한 성인은 현재 성주사를 존재하게끔 하는 성주사의 사부대중 모두가 아닐까? ●

__________ 주수완

불교미술사 학자이자 우석대 경영학부 예술경영전공 교수. 국가유산청 문화유산 전문위원. 인도 및 실크로드에서 중국과 한국에 이르기까지 불교미술 도상의 발생과 진화를 연구하고 있다. 저서로는 『솔도파의 작은 거인들』, 『한국의 산사 세계의 유산』, 『불꽃 튀는 미술사』, 『미술사학자와 읽는 삼국유사』 등이 있다.

"창원의 '옛 불심'을 되찾고자 합니다"
창원 성주사 주지 법안 스님

글. 김남수
사진. 유동영

법안 스님은 인터뷰 초반부터 올해 9월
보물로 지정된 '지장보살 삼존상과 시왕상'을
이야기한다.

"우리나라 사찰의 지장보살상과 시왕상
중 온전한 모습을 갖춘 곳이 많지 않아요.
성주사는 발원문까지 포함해 32점이
보물로 지정됐어요. 지정은 하나지만
32점이 각각 다 보물입니다."

사실 그렇다. 지장전에 들어서면 눈에 띄는 것이
동자상이다. 시왕과 시왕 사이마다 동자상이
각각 모셔져 있다. 동자상까지 모두 갖춘 곳은
흔치 않다. 이번에 한 점 한 점 모두가 보물로
지정됐다. 성주사는 보물지정을 기념해 '70일
특별정진 천도재'를 진행 중이다. 보물로 지정된
후 천도재가 늘었다고 귀띔한다.

곰절 가마솥

어르신들은 성주사보다 '곰절'이라는 이름에
더 익숙하다. 20~30년 전까지만 하더라도
창원 시내에서 택시를 잡고 "성주사 가자" 하면,
지금은 폐역된 '성주사역'으로 데려다주기도
했다. "곰절로 가자" 해야 했다. 그렇게 곰절
성주사는 창원의 대표 사찰로 인식돼 왔다. 곰절
가마솥도 유명하다고.

"성주사는 옛날부터 부처님 오신날이면
'가마솥 밥'이 유명해요. 그 밥을 먹지
않으면 성주사에 오지 않은 겁니다. 등은

달지 않아도 밥은 꼭 먹고 갑니다. 많게는
3만 명 정도 오니깐 새벽부터 아궁이에
불을 지피죠. 동짓날 가마솥에서 끓이는
팥죽도 5천 명분에 달하죠."

창원 시민들에게 성주사가 베푸는 것은 정작
따로 있다. 바로 불모산이다. 절 마당 앞으로
보이는 산자락 모두 성주사 땅으로 보면 된다.
143만 평(약 472만 7,272㎡)이란다. 불모산
등산을 하려면 첫 발자국부터가 성주사 땅이라고.

"창원시에 '불모산 숲길'을 내자고 먼저
제안했죠. 황톳길을 만들어서 맨발로
걷게 하자고. 창원시장이 바로 받아서
한 달 만에 하더라고요. 성주사 땅이니깐
가능했죠."

길 이름은 '황토 곰 숲길'인데 인산인해다.
불모산은 이전부터도 창원 시민이 찾는
산이었지만, 숲길 조성 이후에는 더 많아졌다고.
그 길은 곧바로 창원을 대표하는 명소가 됐다.
스님은 주지 소임을 시작할 때부터 창원 시민과
함께하는 '열린 사찰'을 지향했다. 성주사 자랑에
말이 끝나지 않는다.

열린 도량 성주사

법안 스님은 출가 후 강원이나 동국대에 다닐
때도 방학이면 성주사에 머물렀다. 출가 이후
사실상 '중 생활'을 시작한 곳이 성주사다. 그런
성주사에서 주지 소임을 시작한 때가 2019년

"성주사를 창원 시민들과 함께하는
열린 도량으로 만들기 위해 노력하고 있습니다."

말이다.

홍교 스님에게 몇 가지 말씀을 드렸더니, "네
뜻대로 하고, 문도들을 위해 노력해 달라"면서
흔쾌히 받아줬다. 말씀드린 내용은 지금까지도
법안 스님이 지켜오는 세 가지 원칙이다.
　첫째는 사찰의 대소사를 신도들을 포함해
사부대중이 함께 운영하는 사찰로 만들자는
것, 즉 공개살림이었다. 둘째는 승가대중은
청규를 정해 부처님 법대로 살자는 것이었다.
청규 중 가장 중요한 것이 사중의 스님 모두가
조석예불에 참가하는 것이었다. 마지막이
성주사를 창원 시민과 함께하는 열린 사찰로
만들어가는 것이었다.
　가장 먼저 스님들과 청규를 정했고, 그날부터
모든 스님이 새벽예불에 빠짐없이 참여했다.

"성주사에 스님이 몇 분 계시죠?"

법회도 활성화됐고, 불교대학도 개설했으며,
봄가을에 삼보일배 정진수행도 한다. 두 달에
한 번씩 사찰운영위원회를 개최해 사찰 살림을
공개했다. 신도회 임원을 비롯한 신도분들이
신선해 하고, 한편에는 자긍심을 갖게 됐다고.

창원 불교

예부터 '경남의 불심(佛心)'은 알아줬다. 창원에
공단이 들어서기 전까지, 성주사에서 마산까지
거리는 좀 있어도 마산 사람도 많이 찾았다.

공단이 들어오면서 창원은 거대 도시가 됐고,
경남도청도 들어왔다. 젊은 친구들은 무종교인이
많지만, 어르신들의 불심은 여전했다. 먼저

시작한 것이 도청과 시청, 경찰청, 교도소,
해군사관학교, 해군교육사령부 법회를
개설하거나 내실화하는 일이었다. 대학생 법회도
부활시켰다.

> **"창원 인구가 100만이고, 절만 해도
> 400개입니다. '창원특례시 불교연합회'
> 스님들과 '으샤, 으샤' 하고 있어요.
> 아무래도 조계종이 중심이지만, 다른
> 종단 스님들도 적극 참여해 주십니다."**

창원은 전통적으로 성주사와 정법사가 역할을
하는 도시다. '창원특례시 불교총연합신도회(회장
이상연)'의 역할도 크다고. 2024년 7월 개최된
창립법회에 1,000명 넘게 참여했고, 올해 11월
'제1회 창원 불자 친선 파크골프 한마당'을
진행하는데 600명 이상 참여할 예정이라고.
　　법안 스님은 무엇보다 '창원시의 오피니언
리더'들을 향한 포교를 생각한다.

> **"성주사 주지라는 자리는 정치인이나
> 언론인들을 만날 기회가 많이 있죠.
> '스님, 사실은 저도 불자입니다'라는
> 이야기를 합니다. '할머니때부터 믿었다',
> '어머니 뱃속부터 믿었다' 이런 이야기를
> 해요. 그러면 저는 '법회에 나와라',
> '불교대학에 입학원서를 넣어라'고
> 바로 이야기합니다.
> 아니 그렇게 해야 제대로 된 불자
> 아니에요? 불교가 언제까지 모태신앙만**

> **이야기할 거예요?"**

인터뷰 내내 법안 스님이 가장 많이 한 이야기가
'전법과 포교'다. 조금은 의외였다. 법안 스님은
1980년대에는 민주화 운동, 1990년대에는
종단 개혁에 앞장섰다. 조계종 종단의 소임도
두루두루 맡았다.
　　10여 년 전 가톨릭 신부님과 이야기하면서
불교에 대한 위기의식을 체감했다.

> **"신부님, 이웃 종교가 보기에 불교에 대한
> 이미지가 어떻습니까?"
> "스님, 솔직하게 이야기해도 됩니까?"
> "터놓고 이야기해 주는 것이 좋죠."
> "스님, 미워하지 말고 이야기를
> 들어주세요. 불교는 좀 미신적인
> 듯해요. 구태스럽다 이야기해야 하나?
> 옛날 역사를 반복하고 있다는 생각이
> 강합니다."**

'아직도 그렇게 인식되고 있구나.' 그 말이 정말
가슴속에 닿았다고. 조계종 소임을 보면서
'현대사회에서 불교의 역할'을 고민했고, 서울
북한산 금선사에서 템플스테이를 진행하면서
'템플스테이의 전형'을 만들기도 했지만 그날은
마음이 달랐다. '미래의 종자를 만들기 위해, 지금
씨를 뿌리지 않으면 불교가 소수 종교로 전락할
수 있다'라는 자각을 구체적으로 했다.

"불모산이 주는 평안과 위로가 있어요."

"전법과 포교할 때, 좀 구체적이고 아주
세밀하게 했으면 합니다. 한 사람 한
사람 씨앗 뿌리듯 정성을 다해야겠다는
생각이죠."

성주사는 미래의 씨앗을 만들기 위해 유치원도
운영하고, 중고등학생들에게 장학금을 수여하고
있다. 장학금은 대학에 들어갈 때까지 지원한다.
창원 지역에 있는 대학의 불교학생회를
부활시키기도 했다. 창원대 불교학생회는
성주사가, 경남대 불교학생회는 정법사가
책임지고 있다.

템플스테이도 세심히 운영한다. 작년
건물을 신축하면서 올해는 6,000명 넘게 올
듯하다고. 의외로 외국인이 많이 찾는다. 창원에
기업이 많다 보니, 외국인과 외지인들이 문화를
체험하기 위해 성주사를 찾는다고. 앞으로 더
강화할 예정이란다.

곰이 사는 동네
성주사 별칭이 '곰절'인데, 옛적에는
'웅신사(熊神寺)'로 불리기도 했다. 진해의 옛
이름이 '웅천(熊川)'이었고, '웅동(熊洞)'이라는
지명도 남아 있다.

"옛날에 곰이 많이 살았나 봐요. 대웅전을
지을 때, 곰이 목재를 날랐다고 하잖아요?
굉장히 깊은 산이었던 거죠."

암행어사로 유명한 박문수도 성주사와 인연이
있었다. 부처님 복장물에서 박문수 이름이
나왔다. 당시 관찰사였는데, 절의 중창과 불상
개금 과정을 담은 연기문에 박문수가 대시주자로
나온다. 그때는 웅신사로 불렸다.

"사회가 빠른 속도로 움직이고 있습니다.
빠름에 익숙해지더라도 마음의 긴장감은
높아지고 더 초조해지죠. 그러면서
'자신을 돌아보는 명상' 같은 것에도
관심이 높아지고 있습니다.
또 시대 흐름에 뒤처질 수도 있잖아요?
그런 분들까지 안아주는 것이 불교의
역할이라 생각합니다."

법안 스님은 목표를 분명히 이야기한다. "창원이
대한민국에서 최고의 불교 도시가 됐으면
좋겠다"고. 창원 시민들에게도 이야기한다.
"성주사는 창원 사람들의 정신적 고향"이고, "빛의
속도로 변하는 흐름에, 불모산이 제공하는 '쉼'을
느낄 수 있는 곰 같은 절"이라고. ●

대한불교조계종 성주사

- 주소: 경남 창원시 성산구 곰절길 191 성주사
- 문의: 055-262-0108(종무소)
  010-2055-3104(템플스테이)

대한불교조계종

제16교구 본사
고운사

조실 　현봉　근일
회주 　남전　호성
주지 　등운

산불화재 피해복구를 위해
사부대중은 노력하고 있습니다.

대한불교조계종

중앙승가대학교

총장　무생월우

대학원장　오인
교학처장　금강
총무처장　종원
기획실장　지우

두 명의 성인이 성불한
백월산

특집. 곰이 세운 절, 불모산 성주사

글. 계미향

사진. 유동영

**노힐부득과
달달박박을 찾아서**

경남 창원은 인구가 100만 명에 달하는 거대 도시다. 2022년부터 경기도 고양시·수원시·용인시와 함께 특례시로 지정됐다. 창원의 역사는 일찍이 기원 전후에 생긴 골포국(骨浦國)에서 시작돼 300년대의 탁순국(卓淳國)으로 이어지다가 530년대에 신라에 병합됐다. 676년에는 굴자군(屈自郡)이 됐고 경덕왕 대인 757년의 전국적인 지명 개편 과정에서 의안군(義安郡)으로 고쳤다. 합포·웅신·칠제 3현을 관할 하에 뒀는데 지금의 의창구 서상동, 중동 일대에 해당된다.

창원은 고려시대에는 금주(金州, 현 김해)의 속현(屬縣)이 됐다가 후에 독립적인 감무(監務, 현에 파견된 지방 관직)를 뒀다. 고려시대 내내 왜구의 침입과 격퇴가 있었으며 삼별초의 항쟁, 고려와 원나라(여·원) 연합군의 일본 정벌 준비 등, 창원을 배경으로 일련의 외환이 이어졌다. 국제사회를 향한 창원의 움직임은 이때부터 활발했던 것 같다.

일연 스님이 살던 13세기 말에는 합포(合浦)가 고려·원 연합군의 군사 거점이 되면서 의안군이 의창현으로 승격됐다. 조선 초 태종 대인 1407년 내이포(乃而浦, 현 제포)를 왜에 개항하고 왜선의 정박을 허가했다. 1408년에는 의창현과 회원현을 합쳐 '창원'이라 고치고 창원도호부를 설치했다. 세종 원년인 1419년에는 대마도 정벌로 왜와의 통교가 단절됐고, 1443년의 계해조약(癸亥條約)으로 삼포(三浦)인 내이포에 다시 왜인의 거주를 허락했다.

이후에도 창원은 구한말, 일제 강점기, 해방과 한국전쟁 등, 국내외의 여러 사건을 거치며 큰 변화를 겪었다. 2010년에는 창원의 행정 구역이 의창구, 성산구, 마산합포구, 마산회원구, 진해구의 5개 구로 개편됐다. 그중 의창구에는 노힐부득과 달달박박의 전설이 남아 있으며, 일연 스님의 기록으로 백월산의 남사와 북사의 유래에 대해서도 알 수 있다.

창원의 불교사에서 가장 주목되는 사건은 세 가지다. 첫째 경덕왕 대인 764년 7월 15일에 백월산 남사가 창건됐다. 둘째 흥덕왕 대인 835년에는 무염국사가 왜적의 침입을 막기 위해 성주사를 창건했고, 셋째, 897~912년(효공왕 대)에는 진경대사 심희가 봉림산 봉림사에 봉림산문

주남저수지에서 바라본 백월산 전경. 오른쪽에서 두 번째 봉우리가 백월산이다. 백월산 뒤로는 낙동강이 흐른다. 옛날 바닷물이 들어왔던 주남저수지와 접해 있다. 근처에 2,000년 전 살았던 사람의 무덤인 '다호리 고분'이 있다.

을 열었다. 이제 백월산으로 올라가 보자.

창원 백월산

의창구 북면에는 해발 약 428m의 야트막하지만 아름다운 바위산인 백월산(白月山)이 있다. 정상 부근에 세 개의 큰 봉우리가 있어 '삼산(三山)'이라고도 하는데 특히 동쪽 끝의 사자바위가 유명하다. 백월산의 정상에 서면 저 멀리 낙동강, 주남저수지, 천주산, 정병산 등이 한눈에 들어온다. 특히 계절을 달리해 멀리서 찾아오는 철새도래지로 유명한 주남저수지는 그 이름만 들어도 늘 가슴이 설렌다.

백월사 대웅전의 〈백월산사자암전래도〉 벽화.

백월산의 옛 이름은 화산(花山)이었다. 일연 스님은 두 명의 성인, 즉 노힐부득과 달달박박 두 성인의 이야기를 소개하기에 앞서, 먼저 촌로들의 말을 빌려 이 산에 얽힌 신비한 이야기를 들려준다.

중국 당나라의 한 황제가 연못을 만들던 중, 보름 전날 환한 달빛에 사자 형상의 암산(巖山, 바위산)이 연못에 비친 것을 보았다. 황제는 신령스러운 그 모습에 감탄해 화공을 불러 그 암산을 그리

백월산 정상 사자암.

두 성인의 탄생 장면. 노힐부득과 달달박박은 백월산 인근의 선천촌(仙川村)에서 탄생했다.
두 사람은 멀리 떨어져 있을 때도 서로 생각할 만큼 사이가 좋았다고 한다.

노힐부득과 달달박박은 풍족한 생활이나 가정생활의 덧없음을 말하며, 속세를 떠나 불문에
들어가려는 뜻을 꺾지 않았다. 결국 둘은 출가해 무상도를 이룰 것을 결심했다.
깊은 산으로 들어간 두 성인은 불교를 공부해 진리를 얻고자 정진했다.

어느 날 둘은 서쪽에서 비친 백호(白毫)의 빛에서 금색 팔이 나와 자신들의 정수리를
만지는 꿈을 꿨다. 함께 백월산 무등곡으로 들어가 달달박박은 북쪽 사자암에
판옥집을 지었고, 노힐부득은 동쪽의 돌무더기에 집을 지었다. 노힐부득은 미륵불을,
달달박박은 아미타불을 염했다.

아름다운 여인이 향기를 내뿜으며 달달박박이 수행하는 북쪽으로 먼저 왔다. 달달박박이
야박하게 문을 닫자, 노힐부득이 있는 남쪽으로 향했다. 야심한 밤에 이르러, 여인은 출산을
위해 목욕을 시켜달라고 했다. 여인은 관음보살의 화신이었다.

이 인연으로 노힐부득과 달달박박은 현신성불(現身成佛)을 이뤘고, 하늘로 날아 올라갔다.
신라 경덕왕이 그곳에 사찰을 지어 남쪽에는 미륵존상을, 북쪽에는 아미타존상을 조성했다.

게 했다. 그리고 신하를 보내 그 산을 찾게 했다. 신하는 여러 곳을 돌아다니다가 마침내 해동(海東)에 이르러 이곳에서 사자바위를 찾았다. 신하는 자신이 다녀간 것을 증명하기 위해 바위에 신발 한 짝을 걸어뒀다. 당으로 돌아가 황제에게 해동의 사자바위에 대해 아뢰니 황제는 화산이라 불리던 그 산에 '백월산'이라는 새로운 이름을 하사했다고 한다. 그러자 그때부터 연못에는 더 이상 암산의 모습이 보이지 않았다는 것이다.

화산이건 백월산이건, 일관되게 이 산의 아름다움을 표현하고 있다. 더구나 당의 황제가 명명했다는 백월산에서는 수려한 산세나 신령스러움에 대한 자신감마저 보인다.

이 옹골찬 산을 노힐부득과 달달박박 두 성인이 미륵불과 아미타불의 성지로까지 승화시켰던 것이다.

이제 일연 스님의 글을 따라가며 『삼국유사』 「탑상편」의 〈노힐부득과 달달박박〉 설화의 배경지인 남사 창건을 둘러싼 두 성인의 기이한 사연을 들어본다.

남백월의 두 성인, 노힐부득과 달달박박

백월산이라는 이름이 생긴 배경도 그렇지만, 그다음에 이어지는 마을 이름과 그곳에 살던 인물들의 이름에 이르기까지, 어느 것 하나 예사롭지 않다. 일연 스님의 말에 의하면 백월산의 동남쪽 3,000보 정도 거리에 있는 선천촌(仙川村)에는 월장(月藏)과 미승(味勝)의 아들 노힐부득(努肹夫得)과, 수범(修梵)과 범마(梵摩)의 아들 달달박박(怛怛朴朴)이 살고 있었다.

신선들이 살 것 같은 선천촌, 그리고 월장, 미승, 수범, 범마 등 인도의 향기를 물씬 풍기는 이름들과 그들의 아들인 노힐부득과 달달박박……. 그 이름이 얼마나 생소했으면 견문 넓은 일연 스님도 그들의 이름은 '지방의 말(方言)'이라고 부연하고 있다. 단단한 암산 자락에 탄탄하게 터 잡고 살아가던 그들은 이미 깊은 불연(佛緣)으로 맺어진 사람들이었다는 것을 말해 주는 듯하다.

일연 스님은 한발 더 나아가 그들의 마음이 곧고 반듯할 뿐 아니라 풍

채나 골격도 비범했다고 한다. 그 정도로 심신이 건강한 사람들이라면 마땅히 사회 지배층으로 살기에 적합할 것 같으나, 그들은 그 좋은 조건을 자량(資糧)으로 하여 서로 도와 현생에 성불하고자 했던 것이다.

노힐부득과 달달박박 두 사람은 멀리 떨어져 있을 때도 서로 생각할 만큼 사이가 좋았다고 한다. 그러다 약관의 나이에 이르자 그들은 마을 인근의 법적방(法積房)으로 가서 출가했다. 얼마 후 진법(眞法)이 법종곡(法宗谷) 승도촌(僧徒村)의 고찰로 옮겨갔다는 말을 듣고는 함께 가서, 노힐부득은 회진암(懷眞庵, 혹은 양사壤寺)에, 달달박박은 유리광사(瑠璃光寺)에 각각 머물렀다고 한다. 여기 나오는 지명도 불연의 깊이와 함께 두 성인의 필연적인 성불을 예고하는 듯하다. 그리고 일연 스님은 친절하게도 당시 그들이 머문 곳이 회진동의 절터와 이산(梨山) 위의 절터라고 말해 준다.

두 사람은 처자와 함께 가정생활을 하며 서로 왕래했다고 한다. 그럼에도 그들은 무상을 절감했기에, 풍족한 생활이나 가정생활의 덧없음을 말하며 늘 속세를 떠나 불문에 들어가려는 뜻을 꺾지 않았다. 결국 둘은 출가해 세속에서 벗어나 무상도를 이룰 것을 결심했고, 마침내 깊은 산으로 들어가 불교를 공부해 진리를 얻고자 했다.

출가와 수행, 그리고 성불

어느 날 두 사람은 서쪽에서 비친 백호(白毫)의 빛에서 금색 팔이 나와 자신들의 정수리를 만지는 꿈을 꿨다. 그리고 함께 백월산 무등곡으로 들어갔는데, 일연 스님은 그곳이 당시의 남수동(南藪洞)이라 했다. 이름으로 보아 나무가 많은 신성한 곳이었겠다.

707년 어느 날, 달달박박은 백월산 북쪽 사자암에 판방(板房, 판옥식 8척 방)을 지었고 노힐부득은 동쪽의 서덜 돌무더기 쪽에 뇌방(磊房)을 지어 머물렀다. 그리고 부득은 계속 미륵불을, 박박은 아미타불을 염했다고 한다.

709년 4월 8일 저녁 무렵이었다. 20세 정도의 아름다운 한 여인이 난

초와 사향의 향기를 내며 달달박박이 수행하는 북암에 와서는, 해가 져서 마을로 가기 어려우니 하룻밤 머물게 해 줄 것을 청했다. 그런데 박박은 정결한 난야(蘭若, '아란야'의 줄임말로 수행처를 뜻함)에 여인을 머물게 할 수는 없다며 야박하게 문을 닫아 버렸다. 깊은 산속에서 야심한 밤에 정말 야박하다.

그러자 여인은 이번에는 남암으로 갔고, 부득에게도 같은 부탁을 했다. 여인은 "(전략) 자고 가길 청하는 것은 길을 잃어서가 아니고 스님을 성불의 길로 인도할까 함이니, 바라건대 내가 누구인지 묻지 말고 청을 들어달라"고 했다. 그녀의 말에 부득은 중생의 뜻을 따르는 것도 보살행의 하나라 여기고 그녀를 집으로 들어오게 했다.

부득은 밤이 되자 평소처럼 마음을 맑게 하고 등을 켠 채 계속 염불을 했다. 그런데 여인은 야심한 시간에 갑자기 산통이 있다며 거적 풀을 구해주기를 청했고, 출산 후에는 목욕도 시켜달라 했다. 부득은 부끄럽고 두려웠으나, 그녀가 가엽다는 생각이 더 컸기에 목욕통을 준비하고 장작으로 물을 데워 목욕을 시켰다. 그러자 놀랍게도 목욕물은 진한 향기와 함께 금색으로 변했다.

부득은 그 광경에 매우 놀랐으며, 여인이 그에게도 목욕할 것을 권하자 마지못해 응했다. 그러자 정신이 매우 맑아지며 피부가 금색이 됐다. 문득 옆을 보니 연화좌대가 있었다. 여인은 "나는 관음보살인데 대사가 대보리(大菩提)를 이루는 것을 도우러 왔다"며 좌대에 앉기를 권하고는 어디론가 사라졌다.

박박은 아마 평소에 약간의 경쟁심과 함께, 부득보다 자신이 계를 더 잘 지킨다는 자신감이 있었나 보다. 자신이 아는 부득이라면 분명 그 여인으로 인해 계율을 어겼을 것으로 생각했기에, 박박은 의기양양하게 파계한 부득을 보기 위해 그의 수행처로 갔다.

그런데 놀랍게도 부득은 광명을 뿜는 미륵존상이 되어 연화좌에 앉아 있는 것이 아닌가! 박박은 자신도 모르게 미륵불에게 예를 올리며 어떻게 된 일인지를 물었고, 부득의 설명을 들었다. 그러자 박박은 자신이

월계리사지 삼층석탑. 백월사에서 좀 떨어진 사유지의 조릿대 숲에 있다.

계율에 너무 얽매여 대성(大聖)을 만났어도 알지 못했음을 알고 뒤늦은 후회를 했다. 그리고 성불을 위해 서로 돕자던 옛 약속을 되새기며 부득에게 자신도 이끌어주기를 청했다. 자신의 어리석음에 대한 부끄러움은 중요하지 않았다. 이 점에서 박박의 수행력도 짐작할 수 있다.

부득은 그에게 목욕통에 들어가게 했고, 마침내 박박도 무량수(無量壽)를 이뤘다. 그런데 설화는 목욕물이 약간 모자라서 박박의 성불한 몸에 약간의 흠이 남는 것으로 설정해 두 성인의 근기에 차이가 있음을 보여준다. 마을 사람들이 와서 이 광경을 보고는 희유한 일이라며 찬탄했고, 두 성인은 그들에게 불법의 요체를 설하고는 하늘로 날아 올라갔다.

755년, 이 소식을 전해 들은 경덕왕은 757년에 신하를 보내어 그곳에 큰 사찰을 짓게 했다. 그것이 백월산남사(白月山南寺, 남백사·남백월사)였다. 절은 764년 7월 15일에 완공됐는데 노힐부득이 염하던 미륵존상을 금당에 안치하고 '현신성도미륵지전(現身成道彌勒之殿)'이라 쓴 현판을 걸었다. 달달박박이 염하던 아미타상도 만들어 강당에 안치했는데, 당시 목욕물이 부족해서인지 상에도 얼룩이 있었다는 디테일한 설명도 빼놓지 않았다. 그리고 현판은 '현신성도무량수전(現身成道無量壽殿)'이라 했다.

이 설화는 함께 수행하던 두 성인을 내세워 '성불을 위한 구도(求道)'를 주제로 삼는다. 또 불교의 자비심과 계율의 참된 의미를 통해 도반 간의 우정과 올바른 불교적 가치관을 되새기게 한다. 관음의 현신인 여인을 대하는 태도로 가르침을 펼쳤던 것이다.

일연 스님은 이 설화에 특별한 애정이 있었던 것 같다. 그래서인지 설화 속 인물이나 사건에 대한 자신의 감동과 느낌을 담은 글을 마지막 부분에 남겼다. 아마 전란으로 고통받던 고려 후기 사람들에게 불교적 세계관과 자비심, 중생을 구제하는 바른 태도를 제시하고 싶었을 것이다. 나아가 바람직한 도반의 관계를 제시하고, 불교의 진정한 가르침은 절대적인 계율 준수보다 자비와 그 실천에 있다는 것을 강조하고 있다.

북사 터에서는 삼층석탑과 많은 기와 조각이 출토됐다.

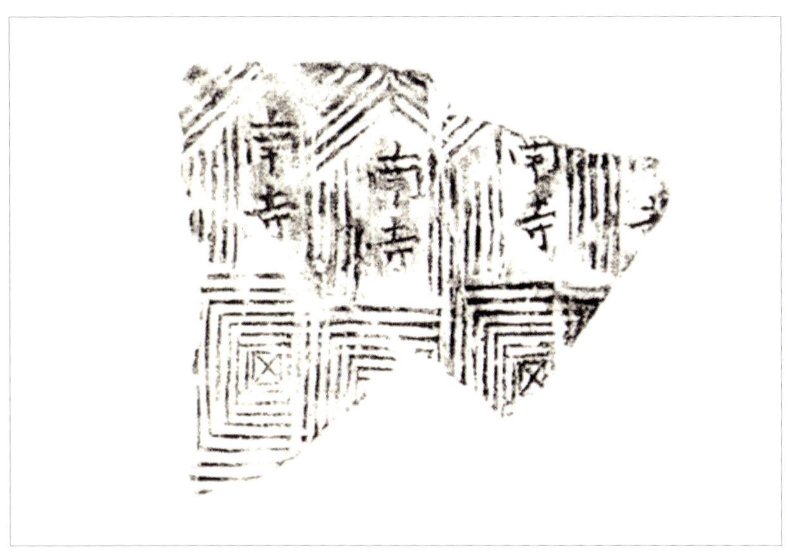

백월산 남사로 추정되는 곳에서 '남사(南寺)'라는 글이 각인된 기와 등이 발견됐다.
사진 제공 국립창원대학교박물관

남사와 삼층석탑

노힐부득과 달달박박 두 성인과 관련하여 백월산 남사로 추정되는 곳에서 '남사(南寺)'라는 글이 각인된 기와 등이 발견됐다. 인근에는 반야동, 사리골, 중산골 등의 지명이 전한다. 현재 남사 관음전에는 천수천안관세음보살을 주존으로 모시고 있다.

의창구 북면 월계리, 달달박박이 수행했던 북사지 터 인근에는 백월사가 있다. 대웅전 벽화의 〈백월산사자암전래도〉와, 두 성인의 남사·북사 창건 설화를 소재로 한 그림이 눈길을 끈다. 북사 터에서는 삼층석탑과 많은 기와 조각이 출토됐다. 백월사에서도 석탑 상륜부와 불두 등 몇몇 불상의 부재들을 찾아볼 수 있다. 삼성각 옆에는 양손을 모은 듯한 마애불이 비스듬히 놓여 있고 그 아래 탑신석도 하나 있다.

그런데 월계리사지 삼층석탑은 백월사 대웅전 정면에서 좀 떨어진 사유지의 조릿대 숲에 숨어 있다. 원래 이곳에 있던 것은 아니고, 백월사 앞쪽의 계곡에 흩어져 있었다고 한다. 기단부가 매몰됐는지 훼손됐는지 알 수 없으며 탑의 규모는 그다지 크지 않다. 통일신라시대의 북사에 있던 탑이라고는 보기 어렵고, 나말여초 혹은 그 이후에 조성된 것으로 보인다.

창원의 진산(鎭山) 백월산은 암봉이 태산을 압도한다는 평을 받는다. 100만 인구를 자랑하는 창원시의 도심을 벗어나 노힐부득과 달달박박의 전설이 서린 백월산에 오르면, 울창한 수목과 맑은 물이 흐르고 암석 사이 어디에선가 지금도 두 성인이 수행하고 있을 것 같다. ●

__________ 계미향

「한국 고대의 천축구법승 연구」로 박사학위를 받았다. 동국대 겸임교수, 동국대 불교학술원을 거쳐 현재 동국대, 동방대에서 연구, 강의하고 있다. 천축구법승과 중국구법승 등 고대 스님들의 대외 교류사 연구에 매진하고 있으며, 저서로 『고려 충선왕의 생애와 불교』, 『한국 고대의 천축구법승』이 있다.

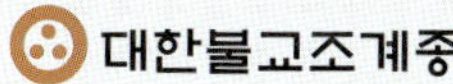

조선왕실 최초원찰

興天寺

홍천사 극락보전 (서울시 유형문화유산)

홍천사는 조선 태조 이성계가
왕비 신덕왕후의 명복을 빌기 위해
1396년에 창건한 사찰입니다.

홍천사에서 기도하시면
꿈과 소원이 이루어집니다.
- 사부대중 일동 -

금강경 특별 7일기도 안내
매월 1일~7일
05시 30분, 14시

홈페이지

카카오 채널

서울특별시 성북구 흥천사길 29
(돈암동 595)
www.heungcheonsa.net
Tel. 02-929-6611~2
Fax. 02-921-1626

주지 중현

- 사부대중 일동 -

광주광역시 동구 증심사길 177
www.jeungsimsa.org
Tel. 062-226-0108
Fax. 062-222-5997
템플스테이 Tel. 062-226-0107

성산패총의 부처님

창원 도심 가운데 성산패총(城山 貝塚)이 있다. 패총은
조개껍데기 무덤을 말한다. 성산의 패총이라 하니, 옛날에는
성(城)이 있던 게다. 도심 가운데에 왜 조개 무덤이 있을까?
옛사람들이 조개를 먹고 껍데기를 버렸으니, 옛적에는
이곳까지 바닷물이 들어온 것이다. 2,000년 전 일이다.
조개껍데기만 나온 것이 아니라 신라시대 토기와 중국
한나라의 화폐도 나왔다. 그 밑으로 선사시대 토기도 나왔다.
오랜 옛날부터 바다를 의지해 사람이 살았던 곳이다.

패총의 부처님

조개 무덤과는 어울리지 않는 불상이 야외에 전시돼 있다. 머리는 파손돼
있으나 광배까지 제법 갖춘 불상이다. 창원에서 가장 오래된 부처님 중 한
분이며, 통일신라시대 조성된 것으로 보고 있다. 이 부처님이 왜 조개 무덤
가까이 계실까? 부처님은 본래 소답동 용화전이라는 곳에 계셨다. 마을에
'절골'이라는 동네가 있었고, 석탑 부재도 있었다 한다. 절터였던 게다.
그곳이 1984년 개발되면서, 옮길 곳이 없었는지 부처님이 계시기에는 어색한
성산패총으로 옮겨졌다. 패총의 부처님은 우리나라에 있는 불상 중 특이한
형태다. 부처님인데 보관(寶冠), 즉 모자를 쓴 흔적이 남아 있다. 자세히 보면
목걸이도 걸치고 있다. 보살상에나 보이는 모습이다.

부처님 뒤에 있는 광배(光背)도 멋있다. 광배에 조성된 화불(化佛)이 제대로
남아 있고, 좌우로는 하늘에서 내려오면서 공양하는 천인, 꽃을 뿌리는
천인도 아름답게 장식돼 있다. 불상 근처에 또 하나의 부처님이 있다.
얼굴은 뭉개졌지만 두 팔은 온전하다. 창원의 어느 산에 모셔졌던 불상인데,
마을에서는 '미륵부처님'으로 신앙했다. 이 부처님 역시 공단이 들어서면서
이곳으로 옮겼다. ●

광배에는 세밀한 화불(化佛), 구름무늬, 하늘을 날고 있는 비천상이 새겨져 있다.

어느 마을에서 미륵부처님으로 신앙됐던 부처님도 근처에 모셔져 있다.

마산포교당 정법사

개항의 도시 마산, 근대 불교의 출발지

글. 김남수

사진. 유동영

창원 마산합포구 추산동에 있는 통도사 마산포교당 정법사.

항구 도시 마산합포는 고려시대 일본 정벌을
위한 여몽(麗蒙)연합군의 출발지였다. 1899년
5월, 외국에 개항된 마산항은 근대 산업 도시로
성장하는 마산의 전초 기지이기도 했다.

개항된 마산에 일본인들이 가장 먼저
들어왔다. 1907년 말에 이르러서, 일본인들은
그들의 거류지를 조선인의 거주지와 구별해
'신마산(新馬山)'으로 호칭하기도 했다. 개항과
더불어 일본 종교와 일본불교도 들어왔다.
러일전쟁 당시 일본불교의 일파인 정토종이
세운 포교소가 마산에 세워진다. 시간이 흐르며
일본의 여러 종파가 마산에 포교소를 세운다.

경봉 스님, 장지연을 만나다

통도사 구하 스님의 원력으로 시작된 마산포교당
건립(1912년)은 근대 불교를 세워나가는
일이기도 했지만, 한편으로 민족주의 운동의
흐름과도 궤를 함께한다. 마산포교당의 초대
주지로 부임한 분이 경봉 스님(1892~1982)이다.
현대 한국불교의 선지식으로 일컬어진다.

> "내가 나를 세상 온갖 것에서 찾았는데
> 눈앞에 바로 주인공이 나타났네.
> 허허, 이제 만나 의혹 없으니
> 우담화 빛이 법계(法界)에 흐르네."

경봉 스님의 오도송(悟道頌)이다. 경봉
스님은 스물여섯의 나이로 제1대 마산
포교사로 부임했다. 어느 날 쉰 넘은 나이의
장지연(1864~1921)이 찾아온다. 평소 불교에

마산 성덕암의 야불.
마산에는 일제 강점기
흔적인 '88 야불'이 남아
있다. 본래는 일본 시코쿠의
사찰 88곳을 순례하는
신앙이었으나, 추후에 순례
대신 88개의 석불을 조성하는
신앙으로 변모했다.

일제 강점기 조성된 완월폭포의 부동명왕.

마산 해은사 야불.

호감이 있었던 장지연은 경봉 스님의 법문에
감명을 받았나 보다.

> "합포성 서쪽 학령엔 가을이 물들고
> 포교당 높은 곳에는 선정이 깊네.
> 숲 사이로 돛단배는 연기 속에 아물아물
> 하늘가 산봉우리는 물위에 비치네.
> 등불 깜빡이고 향 연기에 스님 홀로
> 선정하네.
> 종소리 그치자 꿈에서 깨어났네.
> 등글고 등근 동방의 밝은 달
> 우담화가 오대주를 두루 비추네."

장지연이 경봉 스님의 시에 화답한 시다. 짧은
시절이나마 많은 교류가 있었던 듯하다.

근대 불교의 출발, 마산포교당

마산포교당은 수원포교당, 강릉포교당과 더불어
근대 3대 포교당으로 일컬어진다. 포교당 설립
운동은 기존 불교와 차별화하기 위한 근대
불교의 출발점이었다.

　통도사에서 후원하고, 마산불교진흥회가
모금해 1923년 배달학원을 설립한다. 취학할 곳
없는 아동을 위한 교육, 조선글 강좌도 실시했다.
1927년에는 배달유치원(현 대자유치원)을 세운다.

　마산포교당은 사회 저명인사를 초청해
강연을 개최하기도 한다. 1925년 5월 1일
'메이데이'를 기념하기 위한 마산 인사들의
모임이 배달학원에서 진행되는 등 마산 지역
사회사업의 구심적 역할을 하기도 했다.

마산포교당에 관여했던 인물들은 마산 신간회
등의 항일 결사에도 참여했는데, 확인된 인원만
현재 9명이다.

　창건 113주년이 된 '마산포교당 정법사
(주지 광우 스님)'는 현재도 마산 불교의 중심이다.
법회, 교육 및 지역민을 위한 사업을 진행함은
물론, 마산의 여러 신행 단체가 정법사를
토대로 활동하고 있다. 외국인노동자센터와
경남파라미타청소년협회를 후원하며, 근래에는
경남대 불교학생회를 재창립해 지원하고 있다. ●

●
참고자료
김성순, 「일제강점기 마산지역 일본불교의 활동과
마산포교당의 대응」, 『민족문화연구』 91호,
고려대 민족문화연구원, 2021년.
이재형, 「옛 스님들의 편지 45. 경봉이 장지연에게」,
『법보신문』, 2005.4.27.

멸망 위기에 빠진 신라를 구하라

창원 봉림사 진경대사와 신라 경명왕

특집. 곰이 세운 절, 불모산 성주사

글. 조경철

사진. 유동영

**창원의
봉림산문**

한 나라에 건국이 있으면 멸망이 있기 마련이다. 멸망은 멸망으로 끝나지 않고 마지막 여운을 역사에 남기게 마련이다. 고구려는 연개소문과 안시성의 저항이 있었고 백제는 계백의 5천 결사대가 있었다.

그런데 신라는 멸망의 여운이 떠오르지 않는다. 신라 마지막 경순왕은 아무런 저항 없이 고려에 나라를 넘겼다. 그러나 신라에도 잘 알려지지 않은 여운이 있었다. 창원 봉림사(鳳林寺)의 진경대사(眞鏡大師) 심희(審希, 853~923)와 신라 경명왕(景明王, 재위 917~924)이 그 주인공이다. 둘은 왕건의 고려와 견훤의 후백제의 틈바구니에서 신라가 살아남을 방도를 찾았다.

봉림산문(鳳林山門)

창원의 봉림사는 신라 말 고려 초 구산선문(九山禪門) 가운데 하나다. 신라는 528년 이차돈의 순교를 계기로 불교가 공인됐고, 삼국통일 이후 화엄과 유식 등 교종(敎宗)이 유행하다가 9세기 참선을 위주로 하는 선종(禪宗)이 널리 보급됐다. 이 가운데 9개의 대표적인 선문(禪門)을 구산선문 또는 선종구산(禪宗九山)이라고 부른다.

전라도에는 가지산문(장흥 보림사), 실상산문(남원 실상사), 동리산문(곡성 태안사)이 있고, 경상도에는 희양산문(문경 봉암사), 봉림산문(창원 봉림사)이 있다. 충청도에는 성주산문(보령 성주사), 강원도는 사굴산문(강릉 굴산사)과 사자산문(영월 흥녕사)이, 황해도에는 수미산문(해주 광조사)이 있다. 이 아홉 사찰을 '구산선문'이라 한다.

각 산문을 대표하는 사찰을 중심으로 여러 곳에 각 산문에 속한 다른 절들이 있었다. 또한 각 산문에는 산문의 개조(開祖)와 개산조(開山祖)가 있었는데, 둘은 같은 인물일 수도 있고 다른 인물일 수도 있다. 창원 봉림산문의 경우 봉림산문에 속하는 절로는 경기도 여주 혜목산의 고달사가 있었다. 봉림산문의 개조는 고달사의 원감 현욱(圓鑑玄昱, 788~869)이고 개산조는 창원 봉림사의 진경 심희였다. 봉림산문에 몸담은 대표적인 승려로는 원감 현욱 − 진경 심희 − 원종 찬유(元宗瓚幽, 869~958) 등이 있었

창원 용지문화공원에 있는 진경대사 탑비와 탑(복제품). 진경대사 탑과 탑비는 서울 국립중앙박물관에 있다.
탑비는 현재 수장고에 있다.

다. 원종대사 찬유는 봉림사와도 직접적인 관련이 있다.

진경 심희의 스승인 원감 현욱은 9세기 전반 중국에 유학하고 귀국해 남원 실상사에서 지냈다. 이후 혜목산 고달사로 거처를 옮기고 선법을 펼치다 입적했다. 진경 심희의 제자 원종 찬유도 신라 말 중국에 유학한 뒤 귀국해 창원 봉림사, 경주 삼랑사, 경기도 하남 천왕사 등을 거쳐 고달사에서 고려 광종 때 입적했다. 원감 현욱과 원종 찬유의 부도는 고달사에 남아 있다.

진경 심희는 원감 현욱에게 가르침을 받았지만 중국 유학은 다녀오지 않았다. 주변에서 왜 중국 유학을 가지 않는지 그 이유를 묻자 다음과 같이 대답했다.

> "대사께서는 비록 이 땅을 두루 돌아다니며 현관(玄關, 고승)을 모두 찾아뵈었으나, 다른 나라까지 순력하여 큰 스님들을 뵙고 공부해야 하지 않겠습니까?"

> "달마가 법을 부촉하고 혜가가 마음을 전해 받음으로써 선종이 동쪽으로 전해졌는데 배우는 사람이 무엇 때문에 서쪽으로 가리오. 나는 이미 혜목(惠目, 원감 현욱)의 아름다운 자취를 접하였는데, 어찌 뗏목을 버린 마음(捨筏之心)을 가지고 뗏목을 타려는 뜻을 좇으리오?"(진경 심희)

중국 유학은 선종을 배우기 위해서 가는 것이다. 이미 다른 사람들이 배워왔고 그것을 스승으로부터 배웠는데, 굳이 또 유학 가는 것은 공부에 관심 있는 것이 아니라 중국에서 배웠다는 것을 뻐기는 것이 아닌가 하는 당시의 세태를 풍자한 것으로 보인다.

진경대사와 경명왕

진경대사는 진성여왕(재위 887~897) 말년에 김해의 실력자 김율희의 도움을 받아 효공왕(재위 897~912) 때 창원의 절을 새로 수리하고 '봉림사'라 이름했다. 대사가 봉림사에 머물고 있을 때 후삼국시대도 크게 요동치고 있었다. 892년(통설은 900년) 견훤이 후백제를 세우고 896년(통설 901년) 궁예가 후고려•를 세우면서 시작된 후삼국시대는 918년 6월 왕건이 궁예를 몰아내고 고려를 세우면서 새로운 국면에 접어들었다.

신라 왕위 계승에도 변화가 있었다. 태종 무열왕 이후 김씨가 차지했던 왕위는 효공왕으로 끝나고 새로 박씨 왕이 등장했다. 신덕왕, 경명왕, 경애왕이 박씨이다. 특히 917년에 왕위에 오른 경명왕은 918년 태조 왕건의 등장과 함께 변화된 시대적 분위기를 활용해 신라를 다시 살려낼 절호의 기회로 삼고자 했다.

먼저 경명왕은 왕건이 궁예를 몰아낸 몇 달 뒤 창원 봉림사로 사람을 보내 진경대사를 경주로 초대했다. 진경대사는 왕에게 '이국안민지술(理國安民之術)'을 건의했다. 곧 '나라를 다스리고 백성을 편안히 하는 방법'을 제시한 것이다. '이국안민'의 구체적인 방법을 알 수는 없지만 후백제와 고려의 틈바구니에서 신라가 살아날 수 있는 방법을 의논했을 것이다.

그러나 아쉽게도 진경대사는 923년 4월 열반에 들고 말았다. 파트너를 잃은 경명왕의 실망감은 매우 컸다. 이듬해 4월 1일, 경명왕은 친히 진경대사의 비문을 짓고 봉림사에 부도와 비석을 세웠다. 왕이 직접 비문을 짓는 일은 매우 드문 일이었다. 경명왕이 진경대사를 얼마나 아꼈는지 알 수 있는 대목이다.

진경대사의 탑비를 세운 924년에는 몇 가지 주목할 일이 더 진행됐다. 경명왕은 924년 4월 15일 영월 사자산문 흥녕사 징효대사 비문을 짓게 했다. 6월에는 문경 희양산문 봉암사에 지증대사비를 세웠다. 지증대

진경대사 탑. 신라 경명왕이 친히 진경대사의 비문을 짓고 봉림사에 탑과 탑비를 세웠다. 왕이 비문을 짓는 일은 매우 드물다. 경명왕이 진경대사를 얼마나 아꼈는가를 알 수 있다. 서울 국립중앙박물관 야외 전시장.

봉림사지 삼층석탑. 고려시대 조성된 것으로 추정되며, 창원 상북초등학교에 있다. 기단이 2층으로 조성됐으며, 탑신 2층에 사각형 문이 새겨져 있다.

구산선문

가지산문(장흥 보림사)

실상산문(남원 실상사)

동리산문(곡성 태안사)

희양산문(문경 봉암사)

봉림산문(창원 봉림사)

성주산문(보령 성주사)

사굴산문(강릉 굴산사)

사자산문(영월 흥녕사)

수미산문(해주 광조사)

사비는 예전에 최치원이 비문을 지었지만 후삼국 혼란기에 비석을 세우지 못했다가 이때 조성하게 된 것이다. 924년 정확한 달은 모르지만, 사자산문에 속하는 봉화 태자사 낭공대사의 비문도 짓게 했다. 아쉽게도 경명왕은 924년 8월에 승하했다.

종전에는 924년 일어났던 일련의 일들이 경명왕 때 모두 일어났다는 점을 간과했다. 924년이 태조 왕건 7년, 경명왕 8년, 경애왕 1년이라는 논자에 따라 924년에 일어난 일을 경명왕이 아니라 왕건이나 경애왕이 한 일이라고 여겼기 때문에 공통점을 찾지 못했다.

경명왕은 창원과 문경에 진경대사비와 지증대사의 비석을 세우고 영월과 봉화에 징효대사와 낭공대사의 비문을 지었지만, 만약에 경명왕이 계속 살았다면 곧바로 징효대사와 낭공대사의 비석도 세웠을 것이다. 경명왕은 왜 924년에 이러한 일련의 일들을 벌였을까?

진경대사와 이미 상의한 일이었는데 923년 스님이 입적하자 경명왕이 서둘러 진행시킨 것으로 보인다. 진경대사와 경명왕은 무엇 때문에 승려의 비석과 비문을 짓는 계획을 세웠을까?

봉림동 부처고개(현 창원컨트리클럽)에 조성된 석불. 사진 김현동

천하삼분지계(天下三分之計)

먼저 지역에 주목해 보자. 창원 봉림사, 문경 봉암사, 봉화 태자사, 영월 흥녕사의 위치가 특별하다. 창원, 문경, 봉화 이 세 지역은 경상도 지역을 에워싸고 있는 형국이다. 신라가 삼국을 통일하기 이전에 차지하고 있던 옛 신라 지역을 의미한다.

진경대사와 경명왕이 생각했던 '이국안민'의 방법은 예전 중국의 제갈량도 시도했던 '세 나라가 천하를 셋으로 나눠 지배한다'는 '천하삼분(天下三分)'의 계책이 아니었을까. 통일신라의 영토를 고집하지 않고 왕건의 고려와 견훤의 후백제를 정식 나라로 인정해 주고, 대신 신라는 옛 신라 지역인 경상도로 만족하겠다는 계책이 아니었을까. 이를 위해서는 고려 왕건과 후백제 견훤의 화해가 무엇보다 중요했다.

여기서 문경 봉암사의 지증대사 비석에 쓸 돌을 전라도 여미현(현 화순)에서 가져왔다는 것에 주목해 보자. 화순에서 문경까지 직선거리는 200여 km에 이른다. 당시 운반 사정을 고려하면 이는 매우 이례적인 일이다. 왜 그랬을까? 화순은 나주 인근에 있어 나주를 점령한 고려와 후백제의 접경 지역이었다. 이곳에서 문경으로 돌을 옮기기 위해서는 왕건과 견훤의 도움이 모두 필요했다. 경명왕은 이를 계기로 왕건과 견훤의 직접적인 화해를 도모했을 것이다. 영산강 – 남해안 – 낙동강의 수로를 통해 돌을 운반했을 텐데, 이것은 선종구산을 비롯한 전 불교계의 화합을 도모한 일이기도 했다.

진경대사와 경명왕의 '이국안민=천하삼분'의 계책은 선종 불교계도 환영할 만한 일이었다. 후삼국의 전쟁이 끝나고 평화로운 삶을 영위하는 것이 중생의 바람이었기 때문이다. 봉림산문과 직접적인 관계는 없지만 영월 흥녕사는 경상도와 인접한 강원도 지역이었다. 충청도 보령 성주산문의 낭혜화상비도 경명왕 때 세워진 것으로 추정된다.

물론 이 일은 봉림산문과 인연을 맺은 여러 절의 도움을 많이 받았을 것이다. 전라도 남원의 실상사는 진경대사의 스승이 한동안 머물렀던 사찰로 전라도 화순에서 돌을 옮길 때 도움을 줬을 가능성이 높다. 진경대사의 제자인 원종대사 찬유는 921년 중국에서 귀국해 봉림사의 진경대사를 찾아갔고, 경주로 가서 또다시 경명왕을 만나 삼랑사에 주석하기도 했다. 원종 찬유는 924년 왕건을 찾아갔고 경기도 하남시 하사창동의 천왕사에 머물기도 했다.

현재 국립중앙박물관 3층 불교조각실에는 천왕사 터에서 발견된 철불이 전시돼 있다. 조성 시기는 대체로 고려 초 10세기 전반으로 본다. 철불의 모습이 신라 석불사(석굴암)의 본존불과 매우 유사해, 이를 모델로 했음을 알 수 있다. 왜 그렇게 만들었을까?

신라로부터 버림받은 왕자 출신의 궁예는 신라에 적대적이었다. 왕건은 반대로 친(親)신라적이었다. 창원 봉림사의 진경대사의 제자 원종 찬유가 천왕사에 머물렀던 시기(924)를 고려한다면, 고려 왕건이 경명왕의 천하삼분에 일단 동조하면서 화해의 상징으로 석불사의 본존불을 그대로 본뜬 철불을 만들었을 가능성도 있다.

천년의 신라는 그냥 망하지 않았다. 고구려에 연개소문이 있고 백제에 계백이 있었다면, 신라에는 창원 봉림사 진경대사 심희와 경명왕이 있었다. ●

__________ 조경철

나라이름역사연구소 소장. 연세대에서 2003년부터 한국사를 가르쳤다. 연세대 사학과 객원교수와 한국사상사학회 회장을 역임했다. 2013년 한국연구재단이 조사한 한국사 분야 학술지 인용지수 2위를 차지했다. 저서로는 『백제불교사연구』, 『나만의 한국사』, 『거꾸로 읽는 한국사』(2025, 공저) 등이 있으며 새로운 시각에서 역사를 바라보려고 노력 중이다.

드디어 시작하는
현대인을 위한 첫 번째 불교 수업

**"정답이 없는 세상, 중심을 잃은 우리
혼란 속에서 내 삶을 바로 세워 줄 지혜는 어디에 있을까?"**

불교, 한 번쯤은 궁금하잖아

**중현 스님이 콕 집어서 알려 주는
불교 핵심 교양수업**

윤리와 가치가 힘을 잃은 오늘날, 우리는 모든 선택의 무게를 홀로 감당하며 살아간다.
『불교, 한 번쯤은 궁금하잖아』는 방향을 잃은 이 시대의 우리에게 삶의 중심을 지키는
법을 말해 준다. 일상 속에서 불교의 지혜가 스미는 순간을 포착하며 우리 내면에 있는
사유의 힘을 깨우고, 마음의 기준을 세워 주는 든든한 지침을 만나 보자.

중현 스님

1998년 송광사에서 출가해 봉암사, 송광사, 화엄사, 석종사 등 제방 선원에서
정진하였다. 현재는 무등산 증심사 주지로서 삶의 자리에서 수행을 실천하고 있으며,
불교의 가르침과 사람 사는 세상을 잇는 가교 역할을 하고 있다.

불광출판사　전화 02) 420-3200 | www.bulkwang.co.kr | 불광미디어

"창원 비음산 불곡사 위상이 많이 올라갔습니다"
- 불곡사 주지 도홍 스님

비음산 남쪽 기슭이자 도심 한가운데 위치한 천년고찰 대한불교법화종 불곡사는 창원 시민들에게 휴식처가 되어 주는 절이다. 1966년에 창원 지역에서 가장 먼저 보물로 지정된 석조비로자나불좌상을 품고 있는 사찰이기도 하다. 종단을 뛰어넘어 창원 지역 불교의 화합을 도모하고 있는 도홍 스님을 만나기 위해 창원 성산구 대방동 불곡사를 찾았다.

______ 창원 역사의 산증인

도홍 스님은 과거 논밭뿐이었던 창원에, 대형 산업단지와 대규모 아파트 단지가 들어선 것을 목격한 산증인이다. 1974년 창원 불곡사에서 근파 스님을 은사로 출가한 도홍 스님은 1975년 불곡사 우담종문회 금강계단에서 금해 스님을 계사로 사미계를 받았다. 1979년 대한불교 우담종문회 불교전문강원을 졸업하고, 같은 해 명해 스님을 전계사로 비구계를 수지했다. 1995년부터 지금까지 불곡사에서 주지 소임을 맡고 있다.

"부친이신 취봉 스님께서 김해 장유암과 혜원사에 주석하셨어요. 소승은 초등학교 1학년 때 혜원사에 입사해 고등학교를 졸업할 때까지 있었어요. 고등학교를 졸업하고 취봉 스님과 함께 창원 불곡사로 왔지요. 제가 처음 불곡사에 왔던 1974년에는 여기가 전부 초가집과 논밭이었어요. 1980년대 초반부터 창원 공단 지역에 공장들이 일순간에 들어서기 시작했죠. 2000년대에는 불곡사 주변에도 아파트 단지가 들어서면서 동네가 형성됐어요. 불곡사에 20세에 와서 71세가 됐으니까, 세월이 참 많이 흘렀네요."

불곡사는 통일신라 후기 구산선문 중 하나인 봉림산문을 개창한 진경대사께서 918년 창건했다. 봉림사와 불곡사 스님들이 돌북을 치면서 서로 법담을 나눴다는 설화가 전해 온다. 임진왜란 때 가람이 전소한 뒤, 1930년 우담 스님이 절터에서 석조비로자나불좌상을 발견해 비로전을 건립해 봉안하고,

세읍루·승당·삼성각·요사채를 중창했다.
일주문은 1943년 우담 스님이 웅천향교에
있던 창원 객사문(客舍門)을 옮겨와
일주문으로 세웠다. 불상과 무수한 기와
조각이 흩어져 있던 이곳을 인근 사람들이
'부처골'이라 불러 '불곡사(佛谷寺)'라 칭했다.
　1974년 주지로 주석한 취봉 스님이
비로전을 보수하고, 관음전을 신축했다.
도홍 스님은 1995년 주지로 취임해 낙후된
세읍루·명부전·종각·우담료 등을 개축하고,
지장보살상을 조성해 명부전에 봉안했다.
이후 도량 내외를 정비하며 불곡사는 창원의
대표적인 사찰로 자리매김했다.
　불곡사에는 성도회, 관음회, 거사림회가
있다. 불교 기초 교리를 공부하는 1년
과정의 연화학당과 경전반, 우담꽃꽂이반,
세읍다회(헌다 및 생활 다도), 보리수 합창단 등
다양한 단체 활동을 하고 있다.

"예전에는 신도들이 기도행사가 있을
때, 낮에는 농사일하고 저녁에는
법당에서 철야기도를 하고 새벽에

집으로 돌아가곤 했어요. 당시 절
살림이 많이 힘들었지요. 이제는
불곡사 주변으로 아파트가 들어서고,
불자들이 많이 찾으니 불사에 많은
힘이 됐어요. 그동안 전각이 5동에서
11동으로 늘어났어요. 소승이 주지로
취임하면서 2006년에 만든 연화학당이
올해 20기수를 맞이했어요. 관음회는
40년 정도 됐습니다. 이러한 활동과 함께
지금은 창원에서 불곡사 위상이 많이
올라갔습니다."

______ 비로자나불과 관세음보살

불곡사에는 성보문화유산으로
석조비로자나불좌상(보물)과 일주문(경남
유형문화유산)이 있다. 일주문은 조선 후기에
만들어진 다포계의 단층 맞배지붕으로 기둥
위에 용, 거북이, 호랑이를 정교하게 조각해
놓은 걸작이다. 석조비로자나불좌상은
통일신라 후기 불상 조각 양식의 특징을 잘
보여준다. 이 시기 조성된 석조비로자나불 중
온전하게 남은 흔치 않은 불상이라는 점에서

그 가치가 높다. 석조비로자나불좌상은
1930년에 우담 스님이 땅속에 반쯤 묻혀 있던
것을 비로전에 모셨고, 1966년 당시 주지였던
호산 스님이 인근에서 대좌를 발견해 보물로
지정받았다.

"원래는 석불의 좌대와 광배가
유실됐었어요. 동네 사람들이 사파동
우물 가 빨래터에 모셔놨던 좌대를
소달구지에 실어서 다시 찾아놓은
거죠. '부처님과 함께 부채 같은
석재도 있었는데 어느 날 없어졌다'는
얘기를 어릴 때부터 이 마을에 살았던
할아버지한테 들었던 터라, 혹여나
싶어서 아파트 공사할 때 제가 가서
살펴보았지요. 그때 3분의 1 크기로
조각나 있던 광배를 발견해 수습해서
법당에 같이 모셔놨어요."

비로자나불은 불교에서 진리 그 자체를
상징하는 법신불(法身佛)이다. 도홍 스님은
오늘의 불곡사가 있기까지 비로자나 부처님이

중심을 잘 잡아줬다면, 관세음보살님 역시 잘
보살펴줬다고 믿는다. 십일면관음보살상을
모신 뒤부터는 절이 더 번창했다고 한다.
　처음 스님이 불곡사에 왔을 때만 해도
동네 사람들은 이곳을 관음도량으로 불렀다.
당시 비로자나불을 잘 몰랐던 사람들은
불상을 미륵불로 알기도 했다고 한다. 도량
내 있는 세음정(洗音井)은 '중생의 고통과
괴로움의 눈물을 씻는다'는 의미다. 산 이름이
비음산(飛音山)인 것도 이와 무관하지 않다.
스님은 주지를 맡은 뒤 큰 불사가 있을 때마다
현몽했고, 파랑새가 법당에 날아오는 장면을
수차례 목격했다. 그 밖에도 여러 기적적인
일들이 많았다.

"제가 취임한 이후 불곡사가 이렇게
번창하게 된 것은 관세음보살님의
가피 덕분이라는 생각이 들기도
합니다. 법문할 때, 주로 비로자나
부처님과 관세음보살님의 가피에
관한 이야기를 하곤 합니다. 비로자나
부처님은 대일여래라고 해서 태양의

▶ 불곡사 석조비로자나불좌상(보물), 통일신라시대.

부처님이라고 부르죠. 비로자나불은
태양과 같은 밝음으로 무명과 무지에
싸인 중생들의 장막을 벗겨내는 힘을
가집니다. 밝음의 빛을 선사해 우리
중생들이 살아가는 길을 바르게 인도해
주시는 법신불이지요."

새로운 포교

불곡사는 '대한불교 우담종문회' 본사
도량으로, 우담 큰스님의 유지를 받들어
포교 활동과 지역사회 봉사를 이어왔다. 도홍
스님은 2019년부터는 우담종문회의 신임
이사장 및 회장을 맡고 있다. 우담종문회는
범음·범패를 통해 근·현대 불교 활성화를
이끈 우담 스님의 유지를 잇는 승가 모임이다.
　우담 스님은 1880년에 창원 성주사로
출가해 1914년 부산 범어사에서 비구계를
수지했다. 특히 스님은 불모산 범패를 통한
전법과 후학 양성에 힘썼다. 1962년 장유암에
회주로 주석하며 불모산 영산재 강원을 개설해
금해, 명해, 은파, 근파, 영파, 석봉, 능산 스님
등 많은 범패승을 배출했다.

"불모산 영산재는 우담 문중의
자랑거리 중 하나로 경남 무형유산으로
지정됐지요. 범패에 능하신 우담
스님은 장유암에 주석하시며 40여
명의 제자를 두셨습니다. 제자들 또한
스님의 가르침을 받고 범패에 능숙했죠.
우담종문회에서 분가한 창원 백운사
석봉 스님이 예능보유자로 인정받아
불모산 영산재를 전승하고 있어요.
우담종문회에서는 근파, 영파, 능산
스님께서 불모산 영산재를 후배
스님에게 전수하고 있답니다."

도홍 스님은 창원 지역에서 가장 오래 계신
스님으로 50여 년간 창원 지역 불교 발전을
위해 헌신해 왔다. 스님은 봉림청소년문화의집
관장, 창원교도소 교화법사회 회장,
창원특례시 불교연합회 3·4대 회장을
역임했으며, 현재는 봉림청소년문화의집
운영위원장, 한가람문화재단 이사 등으로 활동
중이다.

비음산 불곡사(飛音山佛谷寺) 일주문,
조선 후기.

일주문 기둥 위에는 호랑이를
민화풍으로 조각해 얹어 놓았다.

석조비로자나불좌상의
조각난 광배.

"2015년에 창원특례시 불교연합회 3, 4대 회장을 하면서 창원 불교의 종파 화합을 최우선 목표로 뒀어요. 어떤 행사든지 각 종단 스님들의 의견을 존중하고, 행사가 유연하게 잘 운영될 수 있도록 노력했어요. 저 역시도 많이 양보하니 회원들 간의 분위기가 좋았던 것 같아요."

코로나 이후 신도 감소 등 어려움이 있긴 하지만, 도홍 스님은 창원 불교 여러 종파 간의 연대와 포교, 세대 간 교류를 위해 새로운 길을 모색 중이다. 2024년에는 창원특례시 불교총연합신도회(회장 이상연)가 결성돼 신도 중심의 교류와 결속이 강화되고 있다. 스님은 총연합신도회의 상임고문을 맡았다. 성주사 주지 법안 스님(창원특례시 불교연합회장)과 함께 올 11월에 '제1회 창원 불자 친선 파크골프 한마당'을 열어 창원 지역 불자 간 화합과 교류를 도모할 예정이다.

스님은 "이제 젊은 주지, 젊은 스님들이 당차게 나설 때"라며 세대교체의 필요성을 강조했다. 젊은 스님들이 명상과 설법을 현대적으로 재해석해 새로운 시대의 불자들에게 맞는 포교를 해나가야 한다고도 말했다.

"불곡사에 40대 젊은 스님이 한 분 계시는데, 내년에 동국대 불교대학원을 졸업해요. 그분이 현대 불자들에게 포교하는 새로운 방법들을 나름대로 많이 구상하고 있더라고요. 제가 나이가 들다 보니 지금의 젊은 불자들과 소통하는 데 있어 조금 부족하지 않나 싶어요. 앞으로 불곡사에서 젊은 스님들이 법음을 잘 전파하리라 생각합니다." 

대한불교법화종 불곡사
• 주소: 경남 창원시 성산구 대암로 55 불곡사
• 문의: 055-282-7402

"법문할 때, 주로 비로자나 부처님과 관세음보살님의 가피에 관한 이야기를 하곤 합니다.
비로자나불은 태양과 같은 밝음으로 무명과 무지에 싸인 중생들의 장막을 벗겨내는 힘을 가집니다."

창원 불심(佛心)이 뭉쳤다

창원 불교 이끄는 창원불교총연합신도회

글. 김남수
사진. 창원불교총연합신도회

"창원에서 불교의 위상을 높이고,

지역 사회에 부처님의 자비 정신을 확산해 나갈 것"

2024년 7월 개최된 창원불교총연합신도회 창립법회.

'창원특례시 불교총연합신도회(회장 이상연, 이하 연합신도회)'라는 긴 이름의 신행 단체가 있다. 창원시에 있는 사찰 신도회와 기업, 관공서, 학계 및 예술·봉사 분야의 불자들이 참여하는 단체다. 1년 전 2024년 7월 25일 창원컨벤션센터에서 진행된 창립법회에는 창원의 불자 1,000여 명이 모였다.

지역 단위 신행단체 행사에 1,000명 넘는 인원이 참여하는 것은 드문 일이다. 그만큼 창원에서는 간절한 일이었다. 성주사 이상연 신도회장이 초대회장으로 선출됐고, 부회장단에는 창원에 소재한 사찰 신도회 회장과 기업인 등 여러 분야의 불자들이 함께한다. 이상연 회장은 취임 일성으로 "불자님들의 뜻을 모아 창원 불교의 저변을 확대하는 데 저의 열정과 역량을 모으겠다"고 밝힌 바 있다.

창원 불교의 구심

창원특례시는 2010년 창원, 마산, 진해가 통합된 도시명이다. 옛날부터 마산과 진해의 불심(佛心)은 알아줬다. 창원은 전국에서 사람들이 모인 도시라 불심은 강하더라도, 중심이 부족했다. 연합신도회는 출범과 동시에 창원 불교의 힘을 모으는 일을 벌여나갔다.

2024년 11월 30일, '다자녀 불자 가정 자비 나눔' 행사를 개최해 11가구에 자비 증서와 격려금을 100만 원씩 지급했다. 2025년 5월에는 '경남 대형산불피해 지원 성금'을 적십자에 전달하기도 했다.

야심 차게 준비한 사업은 2025년 부처님오신날을 맞이해 진행한 '창원시민과 함께하는 삼보일배' 행사. 점등식인 4월 5일, 창원시청 앞 잔디광장에서 진행된 삼보일배 행사에 창원 불자 500여 명이 참여했다. 주변의 시민들도 박수를 보냈고, 참여한 불자들도 뿌듯해 했다고. 창원 지역 사회에서 연합신도회의 위상, 아니 불교의 위상이 높아졌다.

연합신도회는 11월 5일 창원특례시 불교연합회(회장 법안 스님)와 공동으로 진행하는 '제1회 창원 불자 친선 파크골프 한마당'을 눈앞에 두고 있다. 사찰 및 불자들의 교류 활성화와 창원 불교 발전을 도모하는 대회다. 현재까지 접수된 인원만 600여 명. 사찰 신도회뿐 아니라 시민과 불자도 참여한다.

연합신도회 임원진은 "이 행사를 통해 단합된 모습으로 창원에서 불교의 위상을 높이고, 지역 사회에 부처님의 자비 정신을 확산해 나갈 것"을 다짐한다.

창원의 불자들

창원 지역 스님들과 불자들은 연합신도회의 회장단, 특히 이상연 회장의 역할이 컸다고 말한다. 창원에서 ㈜경한코리아를 운영하는 이상연 회장은 할머니 때부터 독실한 불자 집안에서 태어나 본인도 신심 굳은 불자다.

이상연 회장이 성주사 신도회와 인연을 맺게 된 것은 2023년 연말, 창원 지역 불교계가 향토문화 발전에 기여해 온 이들에게 시상하는

'제33회 산해원 문화상'을 수상하면서부터다.
현재도 경남경영자총협회 회장을 역임하고
있는 이상연 회장은 장애인, 저소득층, 다문화
가정 등을 물심양면으로 지원하며 지역 사회
발전에 공헌해 왔다. 창원에서 전통문화의
맥을 잇고 있는 '솟대패 사물놀이 예술단'과는
창립 때부터 인연을 맺어 40년 넘게 지원하고
있다.

성주사 신도회장으로 취임하면서 성주사
주지 법안 스님과 뜻을 모아 연합신도회를
추진했다. 연합신도회를 구성하기 위해 사찰
신도회 임원들과 수시로 만났고, 개인적으로
인연이 있는 불자 기업인도 찾아다녔다.

사찰의 협조는 연합신도회 운영에
필수적이다. 부처님오신날이면 사찰을 방문해
스님과 사찰 신도회 임원을 만난다. 방문한
사찰에서 봉축 등은 꼭 접수한다고.

이상연 회장을 도와 연합신도회를
이끌어가는 김종석 부회장은 창원 지역
포교사들의 활동도 강조한다. "중부경남지역단
소속의 포교사들이 관공서 전법 활동은 물론
여러 군부대에 매주 나가서 열심히 활동하며
창원 불교를 위해 노력하고 있다"고 말한다.

창원을 취재하면서 여러 명에게 같은 소리를
들었다. "창원은 불심이 강한 지역이지만 타
종교에 비해 위상이 강하지 않았는데, 근래
불교의 위상이 높아졌다"고. 그리고
"그 중심에는 '창원특례시
불교총연합신도회'가 있다" 말한다. ●

2025년 부처님오신날 점등식.

2024년 '다자녀 불자 가정 자비 나눔' 행사.

2025년 부처님 오신날에 창원시청 광장에서 삼보일배를 진행했다.

“창원은 불심이 강한 지역이지만 타 종교에 비해 위상이 강하지 않았는데,
근래 불교의 위상이 높아졌습니다.”

창원불교총연합신도회 임원 회의(왼쪽)와 창립법회에 참여한 포교사단.

충렬왕, 창원에 행차하다

고려 왕실 사찰이었던 반림동 절터

글. 김남수

사진. (재)해동문화유산연구원

2025년 10월 23일 '청자구룡형연적 출토기념 「창원의 고려문화」 학술대회'가 국립창원대에서 진행됐다.
2023년 (재)해동문화유산연구원이 진행한 반림동 절터에 대한 발굴 의미를 확인하기 위해서다.
학술대회를 통해 고려시대의 창원을 알 수 있었다. 발표문의 주요 내용을 정리했다.

반림동 발굴터. 반림동 럭키아파트 부지다. 현재는 주차장으로 사용한다.

'왕(王)' 자가 새겨진 연적

2023년 ㈜해동문화유산연구원이 진행한 '성산구
반림동 26-1' 일원 발굴에서 고려시대 청자로 조성된
연적(硯滴)이 발견됐다. 연적은 먹을 갈기 위해 담아두는
물통이다. 해당 장소는 '럭키반림' 아파트 주차장 부지.
주차장을 조성하는 과정에서 급히 발굴됐다. 아파트
뒤로는 산이다.

연적의 품격이 예사롭지 않다. 고려시대
왕실에서나 사용했을 법한 물건이다.
'청자구룡형연적(靑瓷龜龍形硯滴)'이라는 이름이
붙여졌다. 청자로 조성된 연적의 등껍질에는 육각형의
거북 무늬가 새겨졌고, 육각형 무늬 안에는 일일이
'왕(王)' 자를 새겼다. 위로는 연꽃잎이 보인다. 머리는
남아 있지 않지만, 누가 봐도 머리는 용이고 몸은
거북이다.

'왕(王)' 자 무늬가 예사롭지 않다. 고려를 건국한
태조 왕건은 스스로를 '용의 후손'으로 자임했다. 머리는
용이고 몸은 거북이 모양인 유물은 현재까지 고려시대
청자에서만 확인된다는 점에서 이 유물이 고려 왕실과
관련됐음을 알 수 있다.

고려시대 생산된 청자구룡형연적은 우리나라에 3점
밖에 없는데, 한 점이 창원에서 발견된 것이다.
전 세계적으로도 5점밖에 확인되지 않는데, 이 유물은
발견 장소까지 확인된 유일한 문화유산이다.

'왕(王)' 자 무늬 연적

고려시대 왕실사찰

땅을 파 보니 통일신라시대 8~9세기경 조성된 절이
있었고, 그 위에 다시 고려시대 건물을 축조한 것으로
확인됐다. 통일신라시대 조성된 석등과 석탑의 부재,
연꽃 모양 기와도 발견됐다. 절터의 위치도 주목된다.

구산선문(九山禪門)의 하나였던 봉림사지에서
마산만으로 가는 중간이다. 봉림사지가 산에
있는 사찰이라면, 반림동 절터는 읍내에 있는
사찰이다.

이 절터 위에 고려시대 건물이 다시
세워진다. 대략 12~13세기경으로
추정된다. 발견된 기와에서 "정○2년정축,
○일품8월○(正○二年丁丑, ○一品八月○)"이라는
글자가 확인됐다. 중간에 글자가 누락됐지만,
같은 모양의 기와가 마산합포구에 있는
성터에서도 발견된다. 회원현성지(檜原縣城址)다.
성터에서 발견된 기와에는 '정풍2년정축,
사○일품팔월조(正豊二年丁丑, 寺○一品八月造)'라
쓰여 있다. 해석하면 '고려 의종 11년(1157)
8월에 일품(一品)이 사원(寺院)을 만들었다'가
된다. 일품은 공사를 위해 정부에서 징발한
인원을 이야기한다. 회원현성을 국가 단위에서
조성했듯, 반림동 절터에 조성된 건축물 역시
국가에서 주도적으로 건립한 건물임을 알 수
있다.

즉, 반림동 절터는 고려 왕실에서
통일신라시대 절터 위에 다시 세운 사찰인
것이다.

충렬왕의 창원 행차

고려시대 창원이 주목받은 시기는 원나라에
복속됐던 고려 후기다. 『고려사』에 창원 지역이
가장 많이 등장하는 시기이기도 하다. 고려와
몽골은 전쟁이 끝난 이후, 여몽연합군을
구성해 일본을 정벌하고자 했다. 마산합포는

발굴된 기와 조각(위)과 탁본(아래)

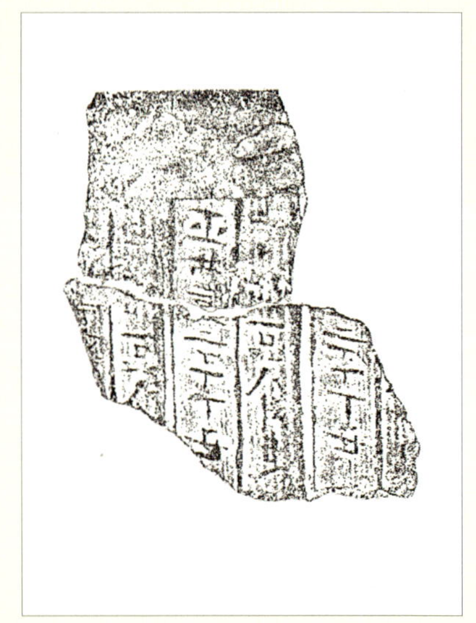

여몽연합군이 출발하는 전초기지였다.

일본에 대한 2차 정벌이 진행되던 1281년 4월, 고려 국왕 충렬왕이 합포로 내려온다. 충렬왕은 4월 18일 합포에서 열병식을 크게 열었으며, 7월 16일이 돼서야 다시 개경으로 돌아간다.

합포에서 열병식을 거행했지만, 충렬왕이 3개월가량 머문 곳은 어딜까? 조선 전기 1452년 작성된 『경상도지리지』의 「의창현」조에 "충렬왕 8년(1282) 승격하여 의창현령으로 삼았는데, 이는 행궁(行宮)과 동정(東征)의 군사를 지대(支對)했기 때문이다"로 적혀 있다. 의창현, 지금의 성산구 일대에 왕이 머물던 행궁이 있었던 게다.

여몽연합군의 일본 정벌을 위한 군사 기지는 회원현에 있었고, 왕이 머무는 행궁은 의창현에 있었음을 알려준다. 행궁이 의창현에 있었는데, 반림동 절터가 있는 곳 역시 의창현의 중심 권역이다.

혹시 충렬왕은 3개월 동안 반림동 절터에 머물지 않았을까? 왕실이 세웠던 사찰이 있던 자리니 가능성은 충분하다.

고려의 임시 수도, 창원

왕조시대에는 왕이 있는 곳이 수도였고, 그래서 왕이 머무는 곳을 행궁(行宮)이라 했다. 당시 창원에는 전국에서 징집된 병사들이 모였고, 원나라의 군사 또한 주둔했다. 1차 정벌(1274년)에 4만 명, 2차 정벌(1281년)에 5만 명의 군사가 있었던 것으로 추산된다. 여기에

선박 건조와 무기 제작, 군량 비축 등 전쟁 준비를 위한 노역자에다 왕의 행차와 관련된 근위병, 수행원을 더해야 한다. 수많은 인원이 창원에 머물렀다. 왕이 행차한 3개월, 창원은 고려의 임시 수도 기능을 한 것이다.

충렬왕의 행차 직후 창원의 품격도 높아졌다. 고려시대 창원 지역은 마산 권역이 합포현이고 창원은 의안현이었는데, 충렬왕 8년(1282)에 합포는 회원현이 됐고 의안은 의창현이 됐다. 각기 현령이 파견되는 주현으로 승격했다. 두 지역은 조선시대 태종 8년(1408)에 창원으로 통합된다.

통일신라시대 사찰이 있었고, 고려시대에는 왕이 머문 행궁으로 추정되는 반림동 절터에는 현재 아파트가 들어서 있다. 발굴도 주차장 극히 일부 구역만 진행됐다. 땅속에는 무엇이 묻혀 있을까? 고려시대 창원의 역사를 되살리기는 어려웠던 것일까? 두고두고 아쉬움이 남는다. ●

땅에서 나온 고려의 걸작

영호남 청자 일품전(一品展)

- **장소:** 국립창원대 박물관 상설전시관
- **기간:** 2025.10.22. ~ 2026.1.30

글. 백유선   사진. 유동영

_______ **땅속에 묻힐 뻔한 보살상**

지난 2018년 소답동 석조보살좌상(이하 소답동 석불)을 답사하기 위해 창원을 찾았다. 불교 문화유산에 관심을 가지고 공부하던 중 인터넷 카페에서 소답동 석불을 발견해 이 불상을 살펴보기 위해서였다.

소답동 석불을 검색해 보니, '디지털창원문화대전'에는 "조선 후기에 제작된 것으로 추정되며 주민들에 의해 산신으로 모셔지기도 한다"라고 소개돼 있었다. 하지만 조선 후기의 불상으로 보기에는 양식적으로 큰 차이가 있어서 직접 살펴보고 확인하고 싶었다.

주소와 지도를 보며 찾아갔지만 석불이 있던 산골짜기를 찾을 수 없었다. 본래 골짜기였던 곳에 시민 체육시설이 들어서면서 지형이 완전히 달라져 발견할 수 없었던 것이다. 주변을 탐문했지만 석불이 어떻게 됐는지 알고 있는 사람을 만날 수 없었다.

창원시청에 문의하니, 공사를 시작하면서 주인을 찾았으나 나타나지 않아 그 자리에 묻어뒀다고 한다. 한 달 이상 담당 공무원과 통화하며 해결책을 찾았으나 방법이 없다는 답을 듣게 됐다. 담당자도 나름대로 최선을 다했지만, 이미 땅속에 묻힌 석불을 찾기 위해 다시 체육시설을 파헤치기는 어려웠던 것이다.

고민 끝에 지역 여론에 호소하는 방법을 택했다. 지역 신문사에 석불이 파묻히게 된 내용을 작성해 제보했다. 지역 신문에 보도되자 지역 여론이 움직이기 시작했다. 당시 창원시장이 직접 나섰고, 결국 중장비를 동원해 다시 발굴해 냈다. 이 다행스러운 일을 통해 여론과 언론의 힘, 그리고 시장의 힘이 꽤 크다는 것을 알게 됐다.

이렇게 다시 햇빛을 보게 된 소답동 석불은 한동안 국립창원대학교 박물관 수장고에 보관돼 있었다. 이때 들은 바에 의하면, 근대 작품일 가능성이 있다는 이유로 문화유산 지정 심사에서 탈락했다고 한다. 시간이 흐르면서 수장고에 갇힌 채 사람들의 관심 밖으로 밀려나게 됐다.

석불이 세상으로 나왔지만 볼 수 없어 아쉬움이 컸는데, 창원에 사는 지인이 박물관에 공문을 보내 섭외해, 관심을 가진지 3년 만에 드디어 석불을 살펴보게 됐다.
지금은 다행히 박물관 정원에 전시돼 누구나
볼 수 있게 됐다.

______ 보살상의 제작 시기

소답동 석불은 조선 후기나 근대의 작품일까,
아니면 더 오래된 문화유산일까? 우리
문화유산에 관심 있는 사람들은 문화유산을
접할 때마다 어느 시기에 제작된 것인지
관심을 가지고 살피게 된다. 대부분은
안내문에 의존하고 말지만, 이 석불만큼은
처음에 품었던 의심 때문에 양식적인 특징들을
더 상세히 살펴봤다.

소답동 석불은 집 모양의 불감(佛龕) 속에
봉안돼 있는데, 우리나라에서는 매우 드문
것이다. 일본에서는 이 같은 불감을 어렵지
않게 볼 수 있는 것으로 보아, 일제 식민지
시기에 만들어진 것으로 보인다. 불감이
석불에 비해 거의 마모되지 않았기에 석불은
훨씬 더 오래전에 만들어졌다는 것을 짐작할
수 있다.

소답동 석불은 높이 약 100cm 정도로
불상과 광배, 대좌가 하나의 돌에 조각돼 있다.
머리에는 보관을 쓰고 있고, 목걸이와 팔
위쪽의 비천(臂釧, 팔목에 차는 팔찌는 완천腕釧이라
하고, 팔 위쪽에 차는 것은 비천이라 함) 등 장신구를
하고 있어서 여래상이 아닌 보살상이라는 것이
확인된다.

얼굴이 마모돼 잘 보이지 않는 등 일부
안타까운 부분이 있기는 하지만, 전체적인
균형이 잘 맞는 편이어서 나름대로 정성을
기울인 작품이다. 다만 광배의 선이 완벽한
원을 이루지 못한 부분을 비롯해 다소 서툰
흔적이 보인다. 이는 소답동 석불이 중앙의
관여 없이 지방에서 제작된 불상이라는 것을
짐작하게 해 준다.

의자에 앉아 한쪽 다리는 아래로
내리고, 반대쪽 다리는 배 앞쪽에 편하게
두고 있는 자세다. 반가좌(半跏坐)와 비슷한
모습이지만 반가좌는 한쪽 발이 반대편
허벅지 위로 올라가 있어야 한다. 이 석불은
한쪽 발을 앞쪽에 편하게 둔 모습이어서
유희좌(遊戲坐)로 보는 것이 타당하다.

많지 않은 유희좌 불상 중에서 소답동

석불과 도상적으로 가장 유사한 모습을
한 작품으로는 고려시대에 조성된 대구
동화사 염불암 마애보살좌상과 음성 보현암
석조보살좌상이 있다. 유희좌의 자세 등
전체적인 형태를 비롯해 보관, 연꽃을 든 손의
모습, 군의(裙衣, 불보살이 입는 긴 치마 모양의 옷)
주름 등 유사한 점이 많다.

유희좌 자세는 제작 시기를 추정할 수
있는 가장 큰 특징 중의 하나다. 유희좌는
반가좌, 윤왕좌(輪王坐, 한쪽 무릎을 세우고,
왼손으로 뒤쪽 바닥을 짚고 있는 자세)와 함께 중국
송·요에서 유행했으며, 고려에서도 그 영향을
받았다. 특히 고려 후기부터 유희좌 불상이
성행했으며, 이 같은 흐름은 조선 전기까지
계속된다. 또한 대좌 중대의 안상(眼象)은 흔히
알고 있는 통일신라와 고려 전기의 안상과는
다른 모습이어서 이 역시 제작 시기가 고려
후기 이후라는 것을 말해주는 요소 중 하나다.
이런 특징들을 토대로 보면 소답동 석불은
고려 후기~조선 전기에 제작됐을 것으로
추정할 수 있다.

중국의 송·요에서 유희좌, 반가좌,

윤왕좌의 불상은 대부분 관음보살과
지장보살이다. 이는 고려에서도 마찬가지다.
소답동 석불은 지장보살과는 분명히 다르므로
관음보살일 가능성이 크다. 하지만 꽃을
들고 반가좌 또는 유희좌를 한 불상의 경우
이천 장암리 마애보살반가상(보물)의 예처럼
미륵보살로 보는 견해가 있기에 관음보살인지
미륵보살인지 단정하기는 쉽지 않다.

소답동 석불을 근대 작품으로 보는
견해가 있는데, 아마도 불상과 광배, 대좌가
일체형으로 제작된 일제 식민지 시기의
88야불(野佛)과 유사한 점 때문인 것으로
생각된다. 그러나 마모된 상태나 곳곳에서
보이는 우리 불상 양식의 특징 등 88야불과는
전혀 다르다는 것을 알 수 있다.

소답동 석불은 보기 드문 유희좌
석조보살상이다. 또 많지 않은, 고려
후기~조선 전기로 추정되는 석불이다.
아무쪼록 소답동 석불이 정확한 학술조사나
정밀조사를 통해 제대로 된 평가를 받는 날이
오기를 바란다.

__________ 백유선
작가, 전 서울보성중학교 교장. 오랫동안 학생들에게
우리 역사를 가르쳤으며, 한국사 교과서 집필에 참여했다.
수년간 EBS-TV와 KBS-R에서 한국사를 강의했다.
지은 책으로는 『우리 불교 문화유산 읽기』, 『한국사 콘서트』,
『청소년을 위한 한국사』(공저), 『청소년을 위한 한국근현대사』 등이 있다.

소답동 출토 석조보살좌상.
고려 후기 조성된 불상 양식과 닮았다.

석조보살좌상이 박물관 수장고에 있었을 때의 모습.
불상의 윤곽이 비교적 뚜렷하게 보인다.

사진 백유선

"묘비에는 삶이 그대로 드러납니다"

국립창원대학교박물관 김주용 학예연구실장

글. 김남수
사진. 유동영

하와이 묘비석을 찾아

국립창원대학교박물관 야외에는 창원에서 출토된 불상이 전시돼 있다. 박물관 안으로 들어서면 창원 지역의 문화 유적이 있는데, 한쪽 전시관에는 특이한 묘비석 탁본도 전시돼 있다.

"1902년부터 조선인들이 하와이로 이주하기 시작했어요. 1905년까지 약 7,400명 정도가 이주했습니다. 대부분 남성이었고요. 이후에 1,000여 명의 여성이 다시 이주했죠. 그렇게 미국 하와이로 이주한 1세대 이민자들의 묘가 하와이에 남아 있는데, 그 묘비석을 탁본해 창원에 전시하고 있습니다."

2019년 처음 시작했고, 이후 창원대는 '하와이 한인 이민자 묘비 조사단(단장 문경희 교수)'을 구성해 사업을 확대했다. 지금까지 약 1,600기의 조선인 묘를 확인했으며, 그 묘비석을 일일이 탁본해 박물관에 전시하고 있다. 김주용 실장은 민경택 연구원, 장찬영 연구원과 함께 조사단에 소속돼 있다.

하와이에 남겨진 조선인 묘를 찾고, 묘비석을 탁본하는 일은 우리나라 근대사의 아픔을 확인하는 일이기도 했다.

"하와이로 이주한 지 얼마 지나지 않아 안중근 의사가 이토 히로부미를 저격했습니다(1909년 10월). 자료를

확인하다 보니 이민자분들이 안중근
의사를 돕기 위한 모금 활동을 했어요. 한
달 월급이 15달러 정도였는데 어떤 분은
1달러, 어떤 분은 15달러를 후원했습니다.
그 자료를 찾은 뒤부터 독립운동에 기여한
분들을 찾아보기 시작했습니다.”

7,000명 넘는 이민자 중 1,700명이 안중근 의사
재판 비용 모금 운동에 참여했고, 당시 모금액은
3,000달러를 넘었다고 한다.

조선인들의 디아스포라

‘디아스포라(diaspora)’라는 단어가 있다.
‘흩어지다’라는 의미로, 고향을 떠나 다른 땅으로
이주한 집단을 이야기할 때 흔히 쓰는 단어다.
하와이에 있는 묘지는 조선인들의 디아스포라를
말해 준다.

　하와이에는 일본인 묘가 더 많다. 하와이로
이주한 일본인의 수는 약 7만 명. 일본인 묘 구역
한쪽에 조선인 묘가 있거나, 일본인 묘와 섞여
있기도 했다. 조사 첫해에 발견한 조선인 묘는
155기였다.

　얼마 뒤, 하와이에 도착한 조선인들의 기록을
적은 「선박부」를 발견했다. 묘지명은 한자나
한글로 기록돼 있지만, 「선박부」는 영어 필기체로
작성돼 있다. 한 명 한 명 대조하면서 두 달 만에
일치하는 한 명을 찾아냈다.

　안중근 의사의 거사와 관련된 「의연금
총결산공고서」를 다시 확인했고, 하와이에서
독립운동에 참여한 기록은 「국민보 신보」에서

확인할 수 있었다.

“누군가 그런 기록을 갖고 있더라고요.”

김주용 실장에게 묘비석은 죽은 자들의 마지막
정체성을 알려주는 기록이다.

“묘비석을 보면 어디서 태어났는지를
적습니다. 그분들에게는 일종의 망향비죠.
돌아가신 날짜도 광무(光武), 민국(民國),
단기(檀紀), 서기(西紀) 등 연호와 함께
적습니다.
1920년대 돌아가신 분들의 묘에는
‘민국’ 연호가 많습니다. ‘민국’은
상해임시정부의 연호이거든요. 한 기
한 기 탁본할 때마다 그분들의 염원을
보는 듯했습니다.”

2022년, 박물관에서 안중근 의사의 유묵과
함께 탁본 전시회를 개최했다. 그 이후로
유족들의 연락이 빗발쳤다. 우리나라뿐 아니라
미국과 베트남에서도 연락이 왔다고.

　어느 날인가 80세 넘은 어르신이 “우리
할아버지 있어요?” 하면서 전화가 왔다. 보내 준
족보를 확인하니 한자로 하와이 마우이섬에서
돌아가신 기록까지 적혀 있었다.

　나중에 확인한 바로는 족보에 적힌 이름은
윤원식, 묘비에는 윤계상이었다. 돌아가신 날짜도
족보에는 음력이, 묘비명에는 양력이 새겨졌다.
족보에 적힌 이름과 묘비명이 달랐기에 2023년

박물관에 전시된 하와이 이주민 묘비 탁본. '박동수의 묘(朴東洙之墓)'의 비석에는 '민국 15년(民國十五年)'이라는 임시정부의 연호가 쓰여 있다. 십자가가 있는 묘는 권순인의 묘. 옆으로 남편 묘와 자식 두 명의 묘 탁본도 있다. 부부는 한 돌, 두 돌 지난 두 명의 자식을 잃었다. "저희가 발품을 팔아, 50km 떨어져 있던 부모와 자식을 만나게 해줬습니다."

"하와이에서 불교인으로
살아가기는 힘들었을 겁니다.
하와이 이주에 미국 선교사의
역할이 있었고, 개신교인들이
많이 갔습니다. 하와이는
개신교 공동체 힘이 컸고,
무엇보다 하와이에서 개신교는
'미국 종교'로, 불교는
'일본 종교'로 인식됐습니다."

'법명 정성(法名 精成)'이 새겨진 한 불자의 묘비석.
사진 제공 국립창원대학교박물관

'신사이재오씨지묘비(信士李在五氏之墓碑)'라 적혀
있는 묘비석. '이재오(李在五)'라는 이름 앞에 붙은,
'신사(信士)'라는 단어는 죽은 이가 불자로 살았음을
의미한다. 사진 제공 국립창원대학교박물관

확인하기까지 시간이 꽤 흘렀다. 그분의 자(字)가
'계상'이었는데 묘비명에는 자로 적혀 있던
것이다.
　기록을 더 확인하니 일본에 의해 '불령선인
(不逞鮮人)'으로 4번이나 기록돼 있었다.
하와이에서 독립운동을 한 것이다. 윤계상이라는
묘비석은 2019년 처음 확인한 155명 중 한
분이었다. 4년이 지나서야 그분의 삶을 확인할 수
있었다. 어르신이 말씀하셨다.

　　　"아버지가 돌아가시면서 '할아버지가
　　　하와이에서 독립운동했다. 할아버지를
　　　찾아라' 유언하셨습니다. 저는
　　　진짜 못살아도 나쁜 짓 하지 않고
　　　살아왔습니다."

어르신은 울면서 이야기했고 김주용 실장도
함께 울었다. 돌아가신 분에 대한 추서를
국가보훈부에 올렸지만 아직 서훈을 받지는
못했다.

불자 두 명의 묘비명
두 명의 불자 묘비명도 확인했다. 한 기는
하와이의 일본불교 사찰인 본원사에 있었다.
'조선경상남도밀양군(朝鮮慶尙南道密陽郡)'이라는
출신, '전임수(峑任守)'라는 이름, 49세에 돌아가신
내용까지 기록됐다. 무엇보다 특이한 것은
비석 전면을 채운 '법명 정성(法名 精成)'이라는
기록이었다.

"특이한 경우죠. 하와이에서 불교인으로
살아가기는 힘들었을 겁니다. 하와이
이주에 미국 선교사의 역할이 있었고,
개신교인들이 많이 갔습니다. 하와이는
개신교 공동체 힘이 컸고, 무엇보다
하와이에서 개신교는 '미국 종교'로,
불교는 '일본 종교'로 인식됐습니다."

'정성'이라는 법명을 지닌 이는 출가한
스님이었을까?
　다른 한 기의 묘에는 '신사이재오씨지묘비
(信士李在五氏之墓碑)'라 적혀 있다.
'이재오(李在五)'라는 이름 앞에 붙은,
'신사(信士)'라는 단어는 죽은 이가 불자로
살았음을 의미한다. 일본인 묘에 흔히 적힌
형식이었다. 대한충북보은군(大韓忠北報恩郡)
출신으로 51세에 사망했음을 알려 준다.

"이분 묘에는 광무 9년(1905)에
하와이에 도착했고, 돌아가신 날은
'주일구이이(主一九二二)'로 기록하죠.
'주(主)'는 서기를 뜻합니다. 서기
1922년에 돌아가신 거죠. 그런데 이름
앞에는 '신사'라는 글을 기록했죠.
광무라는 연호, 불교와 기독교가 혼종된
표기가 함께 적혀 있습니다.
돌아가신 분은 불자로 살았지만,
묘를 세운 분은 기독교인이었던
듯해요. 하와이로 넘어온 조선인들의
'디아스포라'를 대표하는 묘비명입니다."

김주용 실장의 본래 전공은 '가야시대 고분'이다.
당연히 창원의 문화 유적을 발견하고 보존하는
일에 관심을 둔다. 창원에 공단과 아파트가
들어서면서, 안타깝게도 많은 유적이 땅속에
조사도 없이 묻히고 있다.

> "창원대 박물관 야외에 있는 소답동
> 불상도 소답운동장을 지으면서
> 공사현장에서 발견됐는데, 그대로
> 묻혔었습니다. 지역민들이 노력해서 땅을
> 다시 걷어내고서야 꺼냈죠. 성산패총에도
> 미륵부처님으로 불리는 불상이
> 야외에 있습니다. 2003년에 공단이
> 만들어지면서 어떤 분이 박물관으로
> 편지를 보내서 처음 확인했고 이후 도로
> 공사로 이곳으로 옮겼습니다."

편지는 '어머니가 치성드리던 부처님이 공단이
들어서는 산 어딘가에 있는데 사라지게
됐다'라는 내용이었다. 온 산을 뒤져서 찾았다고.
박물관 야외에 모셔진 통일신라시대 불상 역시
도난당했던 것을 찾은 경우다.

창원은 공업 도시이지만, 삼국시대 이전부터
존재한 숱한 옛 무덤과 여러 유적이 남아 있는
곳이다. 주남저수지 인근에 '다호리 고분(古墳)'이
있다. 고분에서 2,000년 전의 나무 관이 출토됐고,
아주 세밀한 붓도 나왔다. 아쉽게도 관과 붓은
창원이 아닌 국립김해박물관에 전시돼 있다.
공업 도시인 창원의 무심함 때문일까?

창원대 박물관은 10월 23일, '창원의
고려문화'라는 주제로 학술대회를 개최했다.
아울러 '땅에서 나온 고려의 걸작'이라는 주제로
2026년 1월까지 고려시대 유물 전시를 진행한다.

전시에서 김주용 실장이 주목하는 곳은
'반림동 유적'이다. 지금은 아파트 주차장으로
사용되는 자리를 (재)해동문화유산연구원에서
2023년 발굴했는데, 그곳에서 고려시대
연적(硯滴, 먹물을 갈기 위해 담아두는 물통)과
통일신라시대의 석등, 석탑 부재가 나왔다.

> "거북 모양 연적인데, 무늬마다 '왕(王)'
> 자가 새겨져 있어요. 고려 충렬왕이
> 창원에 3개월 머물렀는데, 왕이 머문
> 사찰이었을 가능성을 유심히 살피고
> 있습니다. 사실이라면 그곳은 행궁
> (行宮, 왕이 궁궐 밖에서 머물던 곳)이었던 거죠."

아쉽게도 연적과 의자 등은 출토했지만, 석탑과
석등 부재는 아직도 땅속에 묻혀 있다고. '창원의
무심함'을 느꼈다. ●

박물관 야외에 전시된 통일신라시대 불상. "이 불상이 있다는 이야기를
듣고 조사를 진행했습니다. 그런데 얼마 후 도난당했다는 거예요.
수소문하다가 모처에 있다는 소식이 전해졌고, 곧바로 신고하고
이곳으로 모실 수 있었습니다."

월간 「불광」에서
광고주를 모집합니다.

지면광고
배너광고
S N S
메 일 링

광고
문의 02-420-3200

안토니 곰리(Antony Gormley, 1950~), 2024년, 출처 위키피디아 ⓒJindřich Nosek(NoJin)

법신·보신·화신의 리듬과 공명하는 몸의 조각

- 안토니 곰리

몸으로 빚어낸 세 가지 진리

용맹정진. 좌복 위에서 화두를 들고 고요 속에 앉으면 먼저 만나는 것은 몸의 안쪽에서 울리는 텅 빈 울림이다. 들숨과 날숨이 드나드는 길, 뼈와 근육이 지탱하는 크고 작은 공간을 따라 수많은 울림과 채움이 반복된다. 밀려오는 졸음을 몰아내면 어느새 허리와 무릎에서 통증이 올라온다. 어떤 때는 몸이 가볍고 편안하게 느껴지다가도 어느 순간엔 천근만근 무겁고 지탱조차 버거울 때가 있다. 이렇듯 우리의 몸은 그 자체만으로도 화두를 던진다.

몸이란 무엇일까. 욕망의 발원지인가, 고통의 근원인가. 혹은, 사유와 감각이 깃드는 하나의 우주인가. 수행자의 길은 언제나 이 몸에서 시작된다. 앉아 숨을 고르고, 통증을 감내하며, 그 변화마저도 수행의 대상으로 삼는 것. 그 모든 것이 결국 하나의 '몸'이라는 도량에서 일어난다. 몸을 응시하는 일은 곧 진리를 응시하는 일이다. 몸을 관찰하면 감각의 생멸을 알아차리게 되며, 다시 그 알아차림이 삶 속에서 어떻게 드러나는지를 보게 된다.

불교는 이 몸을 모티브로 진리를 세 가지 몸, 즉 삼신(三身)으로 표현한다. 첫째, 영원불멸하며 모든 존재의 근원인 법신(法身)은 모든 것이 생겨나기 전의 진리 그 자체다. 둘째, 깨달음을 통해 쌓은 공덕으로 인해 나타나는 몸인 보신(報身)은 지혜와 자비를 갖춘 깨달음의 주체다. 셋째, 화신(化身)은 중생을 구제하기 위해 시간과 공간 속에 구현된 구체적인 모습으로 우리 곁에 다가온다. 이 셋은 나뉘지 않되, 서로 다른 결을 따라 흐르며, 하나의 진실을 삼중으로 펼쳐낸다. 이처럼 삼신은 몸을 통해 진리 자체와 형상 너머의 진리를 짐작게 하고, 진리가 구체적으로 드러나는 방식을 보여준다.

영국의 조각가 안토니 곰리(Antony Gormley, 1950~)의 예술은 이 삼신의 리듬과 공명한다. 직접 몸을 본뜨되, 몸을 비우고, 형상을 빌리되, 형상을 넘어선다. 형상은 있으되 중심이 없고, 무게는 있으되 닿을 수 없다. 그는 단단한 재료로 비어 있는 공간을 짓고, 사람의 외형으로 형상 너머를 가리킨다. 그의 조각은 비어 있으나 충만하고, 무겁게 서 있으면서도 공기처럼 가볍다. 그 안에서 우리는 물질이 사유로 변하는 순간을 체험한다. 물론 곰리가 삼신을 직접 설명하는 것은 아니다. 다만 조각을 통해, 몸을 통해, 그 진실이 일어나는 자리를 조용히 가리킨다. 그의 작업에는 일관된 직선도, 단일한 상징도 없다. 대신 반복적으로 등장하는 것은 '비어 있음'이라는 상태, 존재와 부재가 동시에 숨 쉬는 자리다. 비어 있으나 가득한, 형상이 있으나 그 속을 향해 파여 있는, 그것은 곧 '몸으로 구현된 공성(空性)'이다.

법신의 보이지 않는 진리를 형상으로, 보신의 빛나는 자비를 재료로, 화신의 살아 있는 현실을 감각으로 바꾸어내는 그의 조형 언어 앞에서 우리는 안과 밖의 경계를 묻게 된다. 이것은 나인가, 타자인가? 이것은 몸인가, 공간인가? 선(禪)의 언어로 말하자면, 그것은 몸이라는 '무문관(無門關)'이다. 들어갈 문이 없고, 나올 문도 없는 그 무문의 자리에서 수행자는 비로소

몸으로 보는 법문을 시작한다. 곰리는 그런 문을
조각으로 빚어낸다. 그 문을 지나며 관객은 문득
멈춰서서 자신이 지금 이 세계라는 선방(禪房)에,
이 몸이라는 도량에 서 있다는 것을 맨몸으로
자각하게 된다.

1950년 런던에서 태어난 안토니 곰리는 어린
시절부터 존재의 근본적 물음에 이끌린다.

케임브리지 대학에서 고고학·인류학·미술사를
전공한 그는 인간 문명의 기원과 종교적
상징체계에 매료됐지만, 동시에 서구 사유가
구축한 이원론적 세계관의 한계를 자각한다.
1971년, 인도와 스리랑카로 떠난 3년간의
여행은 그의 인생에 결정적 전환점이 된다. 불교
사원과 명상 센터에서 머물며 그는 요가와
위빠사나 수행을 익혔고, '몸의 감각을 관찰하는
것 자체가 깨달음의 문'이라는 불교적 통찰에
깊이 감응한다. 곰리는 "명상은 내면의 어둠
속에서 빛을 찾는 것이 아니라, 그 어둠 자체가
또 다른 형태의 빛임을 깨닫는 과정이었다"라고

회고한다.

　1974년 영국으로 돌아온 곰리는 슬레이드 미술학교에서 조각을 전공하며 본격적인 작가의 길을 걷는다. 전통적 조각이 외부 대상을 재현하는 데 집중했다면, 그는 인간의 몸 자체를 '사유의 장소'로 삼았다. 자기 몸을 석고로 본떠 내부를 비워내는 독특한 캐스팅 기법을 고안한 것도 이 시기다. 곰리에게 몸은 개체적 자아의 껍질이 아니라, 세계가 드나드는 문이자 '우주적 공명체'였다.

　1981년부터 시작된 그의 대표 연작 '케이스(case) 시리즈'는 인간의 몸을 납이나 철로 감싼 형태로, 내부와 외부, 충만과 공허, 물질과 정신의 경계를 탐구한다. 1990년대 이후 그는 작품의 규모를 확장하며 조각을 개인의 내면에서 사회적, 우주적 차원으로 확장한다. 이후 등장한 대형 프로젝트들은 '몸'이라는 개별성을 넘어 인간 전체의 집단적 경험과 우주의 질서를 포괄한다. 2000년대 들어 그는 철선, 유리섬유, 디지털 픽셀 구조 등 새로운 재료와 기술을 도입하며, 인간 존재를 끊임없이 변하는 에너지장(場)으로 재해석한다. 곰리에게 조각은 더 이상 물질의 덩어리가 아닌, 의식과 우주가 서로를 드러내는 투명한 통로가 된다.

안토니 곰리, 〈또 다른 장소(Another Place)〉, 1997년, 사진 Dag Mirestrand.

바닷가 여기저기에 철제 인간 형상이 서 있다. 모두 같은 자세, 같은 크기지만 각기 다른 방향을 바라본다. 어떤 이는 수평선을 응시하고, 어떤 이는 하늘을 올려다보며, 또 어떤 이는 발아래 파도를 내려다본다. 녹슬어가는 철제 표면, 조개와 해초가 달라붙은 몸체가 시간의 흐름과 자연의 순환을 짐작하게 한다. 노르웨이 스타방에르 해변에 설치된 〈또 다른 장소(Another Place)〉(1997)는 곰리가 자신의 몸을 본뜬 여러 개의 철제 형상으로 이뤄진 작품이다.

이 조각상들은 각기 다른 방향과 시선으로 저마다의 고독을 품고 서 있다. 물결의 움직임에 따라 바다에 잠겼다가 다시 모습을 드러내는 이 작품은, 마치 생명과 물질, 존재와 부재의 경계를 오가는 듯한 묘한 감정을 불러일으킨다. "삶과 죽음의 경계가 어디입니까?"라는 제자의 질문에 붓다가 "한 호흡 사이"라고 대답했듯이, 이 몸이야말로 그 자체로 생과 사가 공존하는 공간이다.

때로는 바닷물에 거의 잠겨 형체만 희미하게 보이다가, 다시 뭍으로 드러나 뚜렷한 실루엣을 드러내는 모습은 형상과 언어 이전의 법신(法身)을 연상시킨다. 법신은 형상이 없는 진리 그 자체이지만, 인연을 따라 무한한 모습으로 드러난다. 이 조각상들도 모두 한 작가의 몸에서 비롯됐지만, 각기 다른 위치와 자세를 통해 개별적인 존재의 모습을 보여준다. 그러나 이들이 전체적으로는 하나의 거대한 장(場)을 형성하며, 서로가 서로에게 영향을 미치고 연결돼 있음을 암시한다. 바다와

바람, 그리고 하늘이라는 자연의 흐름 속에서 조각상들은 고정된 실체가 아니라, 끊임없이 변화하는 연기(緣起)의 존재로 우리에게 다가온다. 그들은 그저 거기에 존재함으로써, 우리에게 존재의 근원과 삶의 진리에 대한 깊은 사유를 던지고 있다.

> "공간은 물질이 없는 곳이 아니라
> 또 다른 형태의 물질이다."
> – 안토니 곰리

곰리가 2007년 런던 헤이워드 갤러리에서 선보인 〈블라인드 라이트(Blind Light)〉는 유리 박스 안에 짙은 안개를 채운 설치 작품이다. 관람객이 안으로 들어가면 바로 앞도 보이지 않는 하얀 공간에 갇힌다. 시각이 차단되자 다른 감각들이 깨어난다. 발바닥으로 전해지는 바닥의 감촉, 피부로 느껴지는 습기, 귓가에 스치는 타인의 숨소리와 발걸음 소리. 형상이 사라진 곳에서 오히려 존재의 실감이 더욱 선명해진다. 곰리는 "이 작품에서 당신은 보는 주체에서 보이는 객체가 된다"라고 말한다. 안개 밖에서 바라보는 이들에게 유리 박스 안의 인간들은 희미한 실루엣으로 보인다. 마치 무명(無明)의 안개 속에서 헤매는 우리 자신을 비추는 거울과 같다. 안과 밖, 보는 자와 보이는 자의 위치가 끊임없이 뒤바뀌며, 관찰자는 어느새 관찰당하는 존재로 변한다.

보신(報身)은 수행을 통해 쌓은 공덕으로 완성된 지혜와 자비의 몸을 뜻한다. 곰리의

안토니 곰리, 〈블라인드 라이트(Blind Light)〉, 2007년, 사진 Stephen White.

안토니 곰리, ⟨북쪽의 천사(Angel of the North)⟩, 1998년, 사진 Jerry Hardman-Jones.

<블라인드 라이트>는 그 보신의 드러남을
떠올리게 한다. 관람객은 짙은 안개 속에서
헤매며, 외부의 빛을 잃은 채 오직 자기 내면을
향해 나아간다. 짙은 안개는 세상의 번뇌와
망상을 상징하며, 그 속에서 길을 잃지 않기
위해서는 내면의 빛, 즉 지혜에 의지해야 함을
일깨운다. 앞선 사람의 형체가 흐릿하게 보이는
장면은, 타인의 존재를 인식하되 그들의 길을
그대로 따라갈 수 없다는 점을 깨닫게 한다.

이처럼 곰리는 시각을 제거함으로써,
관람객이 자신의 몸을 오롯이 인식하고, 내면의
감각을 일깨우는 경험을 선사한다. 이는 곧
마음의 등불로 어둠을 비추며 걷는 수행자의
체험과 닮았다. <블라인드 라이트>를 통해
우리가 내면의 빛, 즉 지혜에 의지해 번뇌의
안개를 걷어내는 보신을 연상할 수 있다면, 이
지혜는 다시 세상으로 나아가 고통받는 중생을
돕는 자비의 형태로 발현돼야 한다.

그렇다면 곰리의 수많은 작품 가운데,
중생을 향한 자비의 화신(化身)을 떠올리게 하는
작품은 무엇일까? 바로 <북쪽의 천사(Angel of
the North)>(1998)이다. 영국 북부 게이츠헤드의
고속도로 옆 언덕에 우뚝 솟은 이 거대한 강철
조각상은 마치 수호신처럼 그곳을 지나는 수많은
사람을 굽어보고 있다. 이는 마치 관세음보살이
중생을 구제하기 위해 현실 세계에 직접
현현(顯現)한 듯하다. 텅 빈 하늘을 향해 팔을 벌린
천사 혹은 관세음보살의 형상은, 인간이 단순히
땅에 발붙이고 사는 존재가 아니라, 끊임없이
정신적으로 고양되고 확장될 수 있는 존재임을

일깨운다.

이처럼 안토니 곰리의 작품 속에서 표현된
몸은 비어 있으나 가득하고, 드러났으나
감추어져 있으며, 눈앞에 있으나 손에 닿지
않는다. 그 형상은 법신처럼 무형의 진실을 품고
있고, 보신처럼 자비의 빛으로 가만히 말을 걸며,
화신처럼 지금 우리 곁에 조용히 서 있다. 법신의
고요, 보신의 빛남, 화신의 따뜻한 손길이 곰리의
조각에서 하나로 응축된다. 그는 말하지 않는다.
다만 서 있을 뿐이다. 침묵의 무게로 말하고,
비움의 시선으로 응시한다. 그리고 우리에게
묻는다.

"이 껍데기 속에 갇힌 '나'라는
실체는 무엇인가요?
나는 어디에서 왔고,
어디로 가고 있나요?"

_________ 보일 스님
AI 부디즘 연구소장. 해인사로 출가해 해인사승가대학을
졸업. 서울대 대학원 철학과에서 석사학위와 박사학위를
취득했다. 예술과 인공지능을 주제로 붓다의 지혜를
찾고 있다.

탑이 품은 칼, 미륵사에 깃든 바람

**2025. 09. 24. ~ 2026. 02. 01.
국립익산박물관 | 전북 익산
063-830-0921**

세계문화유산 익산 미륵사지는 백제 최대 사찰이었던 미륵사의 흔적을 안고 백제사 속 불교의 가치를 보여준다. 1966년부터 시작된 발굴 조사와 보수 정비로 출토된 문화유산을 체계적으로 보존·연구·전시하는 국립익산박물관은 미륵사지의 경관과 자연스럽게 조화를 이루며 나붓이 자리하고 있다.

1,400년의 시간을 건너 2009년 미륵사지 서탑의 사리구멍에서 발견된 작은 칼로부터 시작된 이번 특별전은 보존처리와 원형 재현을 거친 '미륵사지 손칼'을 최초로 공개하며 그동안 알려지지 않은 역사·문화적 사실을 조명한다.

'작은 칼이 필요했던 일상', '흔적, 몰랐던 이야기', '꾸밈을 더하고 마음을 담아'의 3부에 걸쳐 무기만이 아닌 일상생활 속 칼의 용도와 재료부터 시작해 사리장엄구가 된 미륵사지 손칼의 내부 구조, 봉안 당시 칼을 감싼 직물 자수를 전시하고 역사서와 불교 경전에 등장하는 손칼의 사례를 통해 불교적 의미를 살펴본다. 2026년 2월 8일까지 미륵사 중문(동원·중원·서원) 건축물을 증강현실로 보고 느낄 수 있는 「미륵사 디지털 복원 체험 안내센터」*를 운영하고 있으니 박물관을 보고 센터에 들러 과거 미륵사의 웅장함을 느껴보면 더욱 깊은 경험이 되겠다.

● 1일 6회 무료 운영, 회차당 30명씩 참여 (현장 접수 또는 네이버 예약) 문의전화 063-838-3755

● **운영시간**   화-일요일 09:00~18:00
● **휴관일**   월요일, 1월 1일
● **관람요금**   무료

미륵사지 손칼, 백제, 미륵사지 서탑.
사진 제공 국립익산박물관

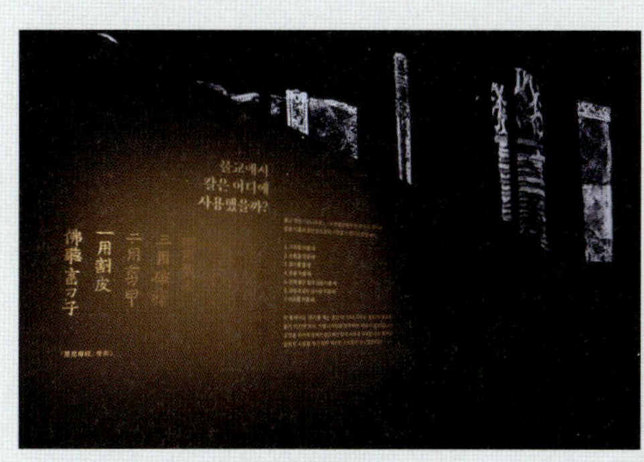

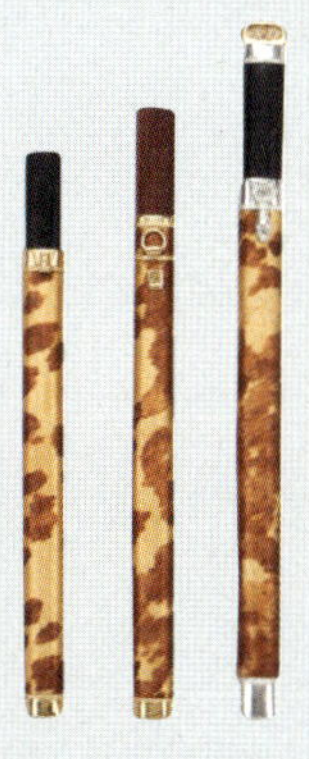

미륵사지 손칼 재현품.
사진 제공 국립익산박물관

솥의 기억: 감춰진 염원

「솥의 기억, 감춰진 염원」은 국가유산청 국립문화유산연구원 국립경주문화유산연구소와 불국사박물관, 춘추문화유산연구원이 '2025년 APEC 정상회의'(10.31~11.1.)의 성공 개최를 기원하며 공동 개최하는 특별전이다.

이번 전시에서는 2023년 경주 흥륜사(옛 영묘사지) 서편에서 발굴한 철솥과 솥 안에 담긴 여러 불교 의례 도구, 곡물들을 국립경주문화유산연구소가 약 2년에 걸쳐 보존처리와 과학적 분석을 거쳐 최초 공개한다.

'빛', '향', '의식'을 주제로 철솥과 내부에 담긴 불교 공예품 50건 58점 외에도 같은 해 발굴조사에서 확인된 명문 기와와 향로·향완·촛대·금강저 등 대표적인 의례구도 함께 전시하며 불교 의식과 공양의 의미를 살펴보고, 정교한 조형, 섬세한 장식이 특징인 고려시대 불교공예의 수준과 예술적 아름다움을 보여준다. 경주 지역에서 접하기 어려운 고려시대 불교 문화유산을 직접 볼 수 있는 특별한 기회로, 신라 이후 이어져 온 경주의 사찰과 불교 공예의 면모를 되새겨보는 소중한 시간이 될 것이다.

- **운영시간**　화-일요일 09:00~17:00
- **휴관일**　　월요일
- **관람요금**　무료

사진 제공 국립경주문화유산연구소

아미타불: 깃들고, 이끌고, 드러내 보이다

阿弥陀仏―おわす・みちびく・あらわれる―

2025. 09. 13. ~ 2025. 12. 28.
한조몬미술관(半蔵門ミュージアム) |
일본 도쿄

서방 극락정토에서 가르침을 설파하고 고통받는 중생을
구원하는 아미타불을 주제로 하는 이번 특별전은 수리를
마친 12세기 제작 아미타여래입상과 14~19세기 무로마치,
에도 시대의 아미타내영도, 극락정토도 등을 전시한다.
11월 29일(토)에는 아미타여래입상 복원에 참여한 불상
조각가 미야기 나츠키(宮木茱月氏)를 초청해 특별 대담을
진행한다(온라인으로 시청 가능).

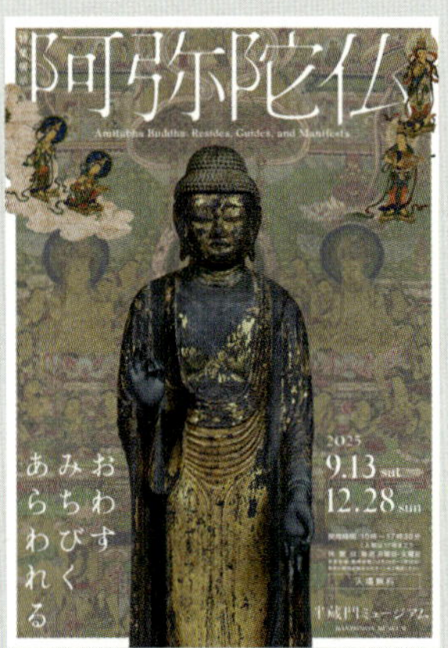

법의 세계: 아시아 전역의 불교 미술

Realms of the Dharma: Buddhist Art Across Asia
2025. 05. 11. ~ 2026. 07. 12.
LA 카운티미술관(LACMA) | 미국 로스앤젤레스

불교의 기원 인도에서부터 미얀마, 태국, 캄보디아, 베트남,
인도네시아 등 동남아시아 본토와 섬 지역, 히말라야
(카슈미르·네팔·티베트), 동아시아(한국·중국·일본)로 확산된
역사를 따라 불교 미술의 흐름을 보여주는 특별전. 조각과
회화, 의례도구 등 180점의 전시품을 통해 부처의 생애,
보살의 역할, 불교의 우주론과 법, 업보, 열반, 진언 등 불교
사상과 수행의 핵심 개념을 소개하고 탐구한다. ●

"라면은 역시 신라면이죠!"

말하지 않아도 통하는 라면이 있습니다. 인생을 울리는 농심 신라면

누구라도 좋아하는 맛이 있습니다. 어디서나 환영받는 맛이 있습니다.
세상이 다 아는 신라면의 맛. 오늘 맛있는 신라면 한 그릇 드셔 보세요. 맛을 보면 역시 신라면입니다.

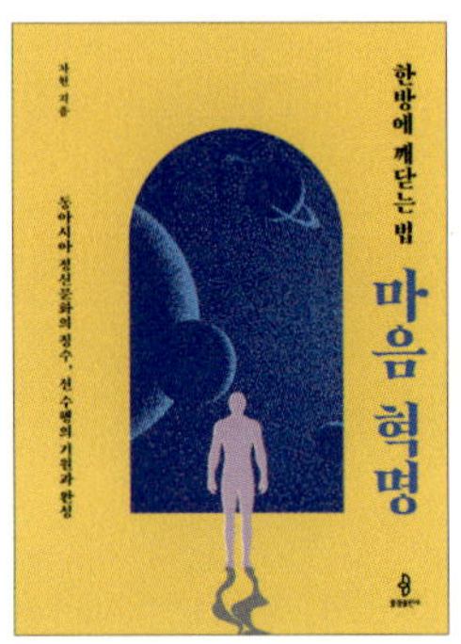

한방에 깨닫는 법, 마음 혁명

공허감과 불안, 끝없는 경쟁에 지친 현대인들에게는 단순한 힐링이나
자기계발을 넘어서는 새로운 길의 모색이 필요하다. 이 책은 '현실 긍정,
욕망 승화, 인식 환기, 걸림 없는 자유'라는 동아시아 정신문화의 핵심
사유를 중심에 두고, 삶 전체를 바꾸는 관점 전환의 힘을 강조한다. 특히
동아시아 정신문화의 바탕인 일원론적 세계관을 토대로, 유교·도교의 사상,
불교 전래와 위·진남북조의 혼융, 당나라 혜능의 돈오, 송대 대혜 종고의
일상적 수행론 등 동아시아 정신문화 변천의 흐름을 따라가며, 이러한
사유가 이미 완전한 본성을 환기하는 수행, 곧 선(禪) 수행 전통으로 어떻게
완성됐는지를 보여준다. 동아시아 정신문화의 계보와 그 속에서 꽃핀 선
수행 확립의 역사는 오늘의 우리에게 마음 혁명의 길을 열어준다.

자현 지음 | 불광출판사 | 336쪽 | 30,000원

불교, 한 번쯤은 궁금하잖아

현대 사회의 많은 공동체가 해체되면서 요즘은 누구나 혼자 살아간다.
이제는 삶의 모든 판단과 결정, 윤리와 신념의 기준을 스스로 세워야 하는
시대가 됐다. 그러나 기준을 세운다는 건 말처럼 쉽지 않다. 세상은 너무
빠르게 변하고, 어제의 정답이 오늘은 틀릴 수도 있다. 사람들은 저마다의
기준을 내세우지만, 그 사이에서 우리는 무엇이 옳은지 확신하기 어려워
또다시 흔들리고, 연속되는 불안 속에서 자신을 지켜내는 일은 더욱
힘겨워진다.

『불교, 한 번쯤은 궁금하잖아』는 이런 혼란과 불안에서 벗어날 실마리를
'불교'라는 사유의 틀에서 찾는다. 불교의 지혜와 실천을 꾸준히 이어
온 중현 스님은 그동안 종교나 기복신앙으로만 여겨졌던 불교를 '삶을
이해하는 지혜의 언어'로 다시금 주목한다. 이 책은 복잡한 교리나 철학보다
현대인의 일상과 고민 속에서 불교의 가르침이 맞닿는 지점을 보여 주며,
우리에게 단순한 믿음이 아닌 사유의 연습을 제안한다. 정답이 사라진
시대, 흔들림 없는 마음의 기준을 세우고 싶은 이들을 위한 첫 번째 불교
교양수업이 드디어 시작된다.

중현 지음 | 불광출판사 | 304쪽 | 22,000원

어울리면 열리는 길

도영 지음 | 효림 | 320쪽 |
12,000원

지식과 정보가 넘쳐나고 눈부신 속도로 발전하는 네트워크 속에서
오히려 진정한 만남과 소통을 상실한 채로 고립되고 단절되어 가는
이 시대를 살아가는 우리들에게, 인간 본래의 청정성을 회복하여
자유롭게 사는 길을 열어주는 금산사 조실 도영 큰스님의 법문집.
스님이 2024~25년 월간 「법공양」에 연재한 법문과 상좌 법진
스님과의 대화를 재구성한 글을 통해, 나와 남을 함께 이롭게 하고
행복을 얻는 길을 쉽게 설명한다.

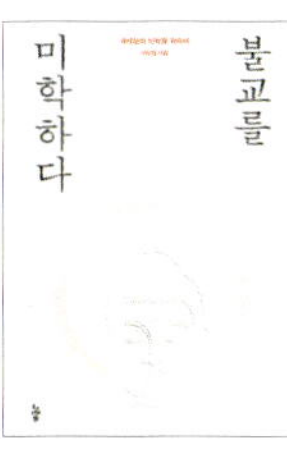

불교를 미학하다

이진경 지음 | 그린비 |
640쪽 | 42,000원

불교는 미추와 호오의 분별을 하지 말라는 교의로 인해 미학을
명시적으로 발전시키지 않았지만, 아시아 전역에서 극히 다양한
양상으로 수많은 '예술작품'을 남겼다. 이렇게 미학은 작품들 속에
깃들어 있다. 이 책은 내재성의 미학이라는 새로운 문을 열어
불교미술을 불교적 미감에 따라 보고 비평할 수 있는 내재적 기준과,
다양한 유형의 불교미술 작품에 다가갈 수 있는 미학적 개념을
제안한다.

손으로 읽고 마음에 쓰는 붓다의 말

고운기 지음 | 맘에드림 |
228쪽 | 17,500원

『아함경』, 『화엄경』, 『법구경』, 『능엄경』에서 엄선한 게송들을
흥미로운 해석과 함께 정리한 필사책. 게송을 직접 고르고 정리한
저자는 등단한 시인이면서 『삼국유사』를 연구한 학자로, 이를 통해
불교 경전을 공부하게 된 이력을 지녔다. 필사라는 작은 실천을 통해
번뇌의 강을 건너고자 하는 이들을 돕고자, 시인의 감수성과 해박한
역사 지식으로 붓다의 가르침을 오늘의 언어로 전달한다.

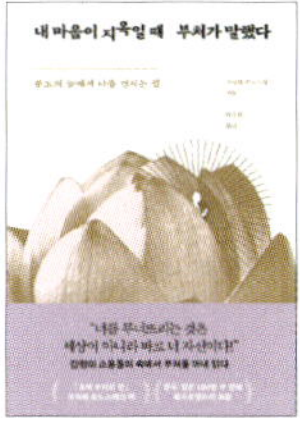

내 마음이 지옥일 때 부처가 말했다

코이케 류노스케 지음 |
박수현 옮김 | 웅진지식하우스 |
260쪽 | 18,000원

일본의 대표 멘토 스님 코이케 류노스케는 "좋아서 화를 내는 사람은
없다"고 단언한다. 스스로의 분노를 마주하고 불도에 입문해 깨달음을
얻은 그는 화를 부르는 패턴과 불행을 초래하는 행동을 연구해 평온에
이르는 길을 찾아냈다. 분노 바라보기, 보행선(步行禪) 훈련 등 욕망,
분노, 미혹의 세 가지 번뇌에 휘둘려 상처받는 사람들을 위해
현실에서 바로 적용할 수 있는 조언이 가득한 책.

구루를 찾아서

피터 마운트 샤스타 지음 |
배민경 옮김 | 정신세계사 |
448쪽 | 26,000원

나의 구루는 누구이며 어디에 있는가? 어릴 적부터 '나는 누구인가?
나는 왜 여기 있는가?' 같은 근원적인 질문을 품고 살아온 저자는
우연히 접한 요가에서 돌파구를 찾는다. 이어 람 다스의 궁극의
영적 스승, 즉 '구루'를 만난 이야기를 듣고 자신만의 스승을 찾아
인도로 떠난 그는 가짜 구루를 만나기도 하고, 죽을 고비도 넘긴다.
여러 성자와 성지들을 방문한 그는 결국 '나 자신의 구루는 나'라는
단순하고도 심오한 진실을 깨우치게 된다.

엄마는 시코쿠

원대한 지음 | 황금시간 |
324쪽 | 19,000원

1200년 전 진언종을 창시한 코보 대사의 발자취를 따라 88개의 절을
순례하는 일본 시코쿠 헨로를 모자(母子)가 함께 걸으며 써내려간
여행 에세이. 스페인 산티아고 순례길 800km를 함께 걸었던
두 사람이 이번에는 '동양의 산티아고'라고 불리는 일본 시코쿠로
향했다. 도쿠시마, 고치, 에미혜, 카가와—시코쿠의 4개 현을 겨울부터
가을까지 네 계절에 걸쳐 함께 걸으며 마주한 풍경, 사람, 생각들이
문장과 사진, 일러스트로 담긴 페이지들이 따뜻한 여운을 남긴다.

영성 해부학

캄레시 파텔 지음 | 문진희
감수 | 김재영 옮김 | 수오서재 |
424쪽 | 25,000원

명상과 차크라에 대한 실용적인 안내서. 하트풀니스 명상(The
Heartfulness Movement)의 지도자이자 전 세계 구도자들의 스승인 캄레시
파텔은 6년여간 이 책을 집필하며 영혼의 구조와 의식 성장에 관한
연구를 집대성했다. 저자는 영적 에너지 센터 '차크라'를 중점적으로
다루며 일반적으로 다루는 일곱 개의 차크라가 아닌 척추를 따라 세 개,
가슴과 머리에 자리한 열세 개, 도합 열여섯 개의 차크라를 살펴본다.

나의 오래된 순례,
마돈나하우스

주은경 지음 | 플로베르 |
288쪽 | 18,000원

템플스테이 체험을 하거나, 순례길을 걷는 사람 중 엄청난 인생의
변화를 기대하는 이는 드물 것이다. 이들은 지친 자신을 돌보고, 삶이 더
나아지길 바라는 마음으로 종교적 공간을 찾는다. 일만 알던 무종교인이
캐나다의 가톨릭 영성 공동체 '마돈나하우스'에서 보낸 두 달 동안의
기록. 마돈나하우스 설립자의 이야기와 수행 장소인 '뿌스띠니아'에서
완벽한 고요를 마주한 경험, 그곳에서 살아가는 사람들과의 인터뷰를
통해 이들을 지탱하는 청빈, 순결, 순명의 의미를 되새긴다.

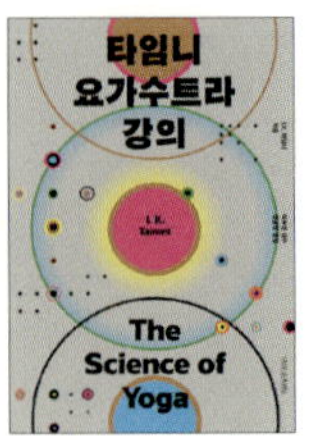

타임니
요가수트라 강의

I. K. 타임니 지음 | 이숙인
감수 | 정솔빛 옮김 | 정신세계사 |
576쪽 | 28,000원

과학자이자 힌두 철학자인 I. K. 타임니가 현대적이고 구체적인
언어로 쉽고 선명하게 해석해낸 『The Science of Yoga』, 요가를
공부하는 사람들이 영어 원서로 읽던 바로 그 책이 한국어로 출간됐다.
종교철학자 카렐 베르너는 이 책에 대해 "요가를 전파하는 대부분의
대중문헌에서 흔히 볼 수 있는 결함과 무능이 없으며, 요가에 대한
귀중한 입문서로 추천"한 바 있다. 『요가수트라』에 담긴 철학적, 수행적
정수를 간결하면서도 명쾌하게 이해하게 해 주는 가이드.

당신 곁의
한국 정원

신지선 지음 | 수오서재 |
204쪽 | 17,000원

한국 정원 연구가 신지선 작가는 '정원은 식물로 예쁘게 가꿔진
곳'이라는 틀에서 벗어날 때 한국 정원의 다채로운 모습을 만날 수
있다고 말한다. 소나무 뒤에 가려진 석축, 무심히 놓인 돌다리, 작은
연못 등 전체 공간을 구성하는 모든 요소가 정원이 된다. 과거에 실제
공간을 향유했던 이들의 의도와 안목, 인생을 대하는 태도를 직접
느껴보기를 제안하며 책은 그동안 정원이라고 생각하지 못하고 무심코
지나쳤던 30곳의 장소를 소개한다.

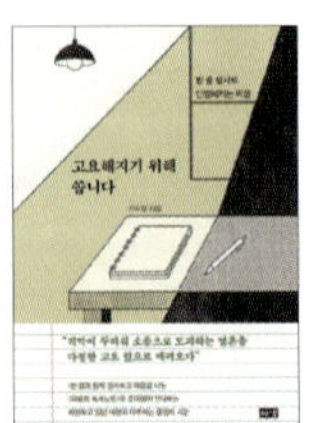

고요해지기 위해
씁니다

조미정 지음 | 해냄출판사 |
332쪽 | 20,000원

6년간 필사 모임 '재밌어서 씁니다'를 운영하며 유튜브 〈미료의
독서노트〉를 만들어온 조미정 작가가 실제로 8년간 필사해온 글귀 중
마음의 파도를 잠재워주는 글 77편을 엄선했다. 편안하게 필사할 수
있도록 누드사철제본 방식으로 제작된 이 책은 현대시인들의 시구부터
서양 고전 속 믿음직한 문장들, 전현수 박사와 법상 스님의 지혜로운
글귀까지 분야와 시대를 막론하고 차분한 공기를 만들어내는 문장들을
되짚어낸다.

외계인 탐사대의
지구인 보고서

에바 솔라슈 글 | 로베르트
차이카 그림 | 이지원
옮김 | 원더박스 | 76쪽 |
23,000원

'지구인의 DNA는 바나나와 50% 같다'는 황당한 사실이나 '여성
100명 중 2명은 보통 사람보다 100배나 많은 색을 본다'는 놀라운
지식은 물론이고, 수면 습관, 성별, 음식, 언어, 종교 등 지구인에
관한 모든 것을 기록했다. 외계인이라는 제3자의 시선으로 쓴 이
기상천외한 보고서를 읽다 보면, 세상을 보는 편견이 사라지고 우리
자신을 객관적으로 바라보게 된다. 2023년 폴란드 최고의 어린이책
선정작!

향신료, 인류사를 수놓은 맛과 향의 프리즘

김현위 지음 | 따비 |
472쪽 | 35,000원

향신료 없는 식사는 상상하기 어렵다. 파와 후추가 빠진 설렁탕이나 조림양념에 생강을 넣지 않은 갈비찜은 어딘가 허전한 음식이 될 것이다. 그런데 과연 향신료는 무엇을 의미하는지, 그 종류는 얼마나 다양한지, 각 문화권별로 향신료를 사용한 음식은 무엇이 있는지, 우리 나라의 향신료는 세계인이 주로 사용하는 향신료와 얼마나 다른지, 향신료 시장의 규모는 어느 정도인지 등을 포괄적으로 다룬 책은 없었다. 이 책은 향신료의 그 모든 것을 다룬다.

우주가 꿈이라고?

알렉스 마르샹 지음 |
이균형 옮김 | 정신세계사 |
200쪽 | 20,000원

20세기 최고의 영적 고전 『기적수업』의 핵심 개념들을 풍성한 비유와 유머로 유쾌하게 압축해낸 책. 우주의 근원에 대해 깊이 숙고해본 사람이라면 '이 우주가 하나의 꿈'이라는 생각도 해본 적이 있을 것이다. 부처님은 "사물은 실체가 없고 다만 마음에 그리 보일 뿐이니, 꿈이요 미망이다"라고 했다. 저자는 이런 생각을 진지하게 붙들고 탐구하되, 만화의 형식을 빌려 심오한 정보를 유쾌하게 전달한다.

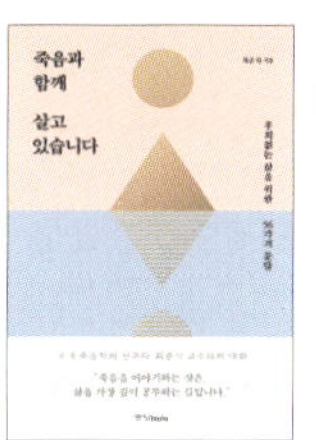

죽음과 함께 살고 있습니다

최준식 지음 | 중앙books |
208쪽 | 19,000원

평소 삶이 버겁고 매사 일상에 대한 후회를 거듭하는 현대인들을 위한 한국 대표 죽음학자 최준식 교수의 현실적인 삶의 조언. 오랜 시간 삶과 죽음을 탐구해온 저자는 『숫타니파타』, 『법구경』 등의 구절을 인용하며 삶과 죽음의 의미를 새롭게 성찰한다. 자살 문제를 비롯해 인생의 허무와 인간관계, 마음공부 등을 철학적이면서도 현실적으로 풀어낸 52개의 문답은 죽음을 자연스럽게 삶의 일부로 받아들일 때 비로소 살아가야 하는 진정한 이유를 찾을 수 있다고 전한다.

와당, 아시아 건축을 수놓다

허선영 지음 | 책과함께 |
280쪽 | 25,000원

와당(瓦當)은 지붕을 마감하는 작고 둥근 기와 조각이지만, 이 책은 그것을 단순한 장식에서 꺼내어 '시간과 권력, 자연과 인간을 잇는 매개'로 읽어낸다. 자연과 어우러지며 하늘과 땅을 연결하는 배치 구조는 단순한 장식을 넘어 건축과 인간의 융화를 보여준다. 그 안에서 우리는 인간이 어떻게 자연과 조화를 이루며, 시간과 기억 속에 자신의 존재를 기록하고자 했는지를 읽을 수 있다.

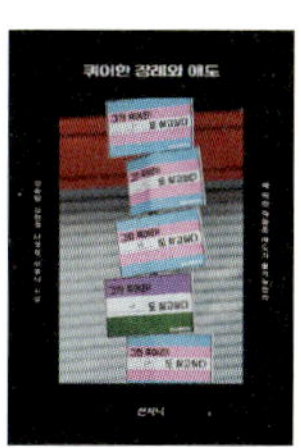

퀴어한 장례와 애도

김순남 외 지음 | 산지니 |
240쪽 | 20,000원

왜 어떤 죽음은 애도조차 불가능한가? 혼인 또는 혈연으로 맺어진 법적 가족에게 삶과 죽음을 의존하도록 하는 제도가 작동하는 한국에서, 퀴어와 장애인 등 소수자들의 의사와 무관하게 장례가 혈연가족에게 일임되는 일은 곧 존엄하게 살 권리, 존엄하게 죽을 권리와 연결된다. 죽음과 장례, 애도의 전 과정에서 작동하는 배제와 차별에 주목하는 이 책은 자신에게 중요한 파트너, 친구, 동료를 떠나보낸 경험이 있는 퀴어 당사자를 만나 그들이 경험한 돌봄, 삶과 죽음을 살핀다.

내가 지킬게요

김미라 지음 | 김세진 그림 |
책고래 | 44쪽 | 15,000원

오랫동안 서로 곁을 지켜 온 할머니와 반려견 진돌이가 헤어지고, 기다리고, 다시 만나는 과정을 차분하고 섬세하게 담은 그림책. 오늘날 '가족'은 혈연으로 맺어진 관계에서 나아가 나와 마음을 깊이 나누고 늘 곁을 지키는 사이로 의미가 넓어졌다. 『내가 지킬게요』는 가족의 유대와 사랑, 그리고 서로를 지키며 함께 살아가는 삶을 뭉클하게 보여 준다.

월간 「불광」 구독 안내

월간 불광(佛光)은 1974년 창간 이래 단 한 권의 결호 없이 50년을 이어오고 있습니다.

월간 불광(佛光)은 전통성과 전문성을 지켜오며 한국불교를 대표하는 고승과 각 분야의 전문가를 통해 다양한 시각의 불교를 조명해왔습니다.

월간 불광(佛光)은 한 가지 주제를 단행본의 깊이로 매거진에 담으며 불교를 바로 알리기 위해 앞장서고 있습니다.

__ 정기구독으로 매월 품격 놓은 불교를 만나 보실 수 있습니다. __

정기구독	**종이책 1년(12권)** ~~144,000원~~ → **108,000원**

• 정기구독 시 구독료가 **25% 할인**됩니다.

전화 02-420-3200 **온라인** www.bulkwang.co.kr

계좌번호 **신한은행 140-011-217220** 또는
농협 301-0420-3200-71 (예금주 (주)불광미디어)

정기구독 신청 바로가기

정기구독 연장 시 보너스북 증정

아래 기재된 도서 중 1권을 선택하여 '010-4394-3200'으로 〈구독자명〉, 〈도서명〉을 문자 보내주시면 매월 10일경에 발송됩니다.

그림과 함께 읽는 감명 깊은 초기경전

일아 옮김

방대한 초기경전 가운데 현대인들의 마음에 새겨야 할 만한 구절과 함께 그림이 수록되어 있다. 삶의 모든 순간을 평안과 행복으로 만들어주는 붓다의 말씀을 담은 책이다.

기도의 이유

중현 지음

'기도, 얼마나 알고 계신가요?' 사찰에서 행해지는 각종 기도와 불공들을 단지 기복신앙이 아닌 나를 다스리고 삶을 가꾸는 수행으로 이해할 수 있도록 안내한다.

너의 우주를 들어 줄게 (어린이)

A.C. 피츠패트릭 지음 | 권이진 옮김 |
에리카 메디나 그림

대화에 익숙하지 않은 아이들이 마음속 생각을 어떻게 표현하고, 전달해야 하는지를 자연스럽게 익히도록 한다. 말문이 막힌 마고를 위해 엄마가 생각해 낸 기발한 대화법에서 소통하는 방법에 대한 아이디어를 얻을 수 있다.

무엇이 삶을 놀이로 만드는가

스티븐 나흐마노비치 지음 | 권혜림 옮김

창조성은 이성적 사고나 수학적 계산에서 나오는 게 아니라 내면 깊은 곳에서 비롯되는 '무언가'이다. 저자는 이 '무언가'에 접근하고 그 힘을 일상으로 끌어내는 방식으로서 '놀이'를 강조한다.

삶이 고(苦)일 때 붓다, 직설과 미술

청화 강소연 지음

경전으로만 만나던 붓다의 가르침과 생애를 명작과 곁들여 읽는 진짜 8대 성지 이야기다. 그곳에서 붓다가 전한 가르침은 무엇인지 해당 장소의 기념비적인 유물과 함께 생생하게 소개한다.

상무주 가는 길

김홍희 지음

한국을 대표하는 사진가 김홍희 특유의 번뜩이는 글과 함께 세심한 감성으로 26곳 암자의 풍광 100여 컷을 실었다. 암자 기행 산문집이자 흑백사진 화보집이다.

상처 주지 않을 결심

카렌 암스트롱 지음 | 권혁 옮김

우리 안에는 증오와 배척, 의심으로 대응하는 잔인한 본능을 뛰어넘어 더 친절하고 이성적으로 살아가기를 추구하는 본성이 있다. 종교학자인 암스트롱은 그 근거와 구체적인 방법을 누구나 실천할 수 있는 12단계로 나누어 소개한다.

연민은 어떻게 삶을 고통에서 구하는가

조안 할리팩스 지음 | 김정숙·진우기 옮김

이 책의 저자인 조안 할리팩스는 세계적인 선승이자 미국 참여 불교의 대가인 동시에 의료 인류학자다. 저자는 '이기적이 되라'와는 반대되는 것, 즉 타인에 대한 연민을 가질 것을 치유의 길로 제시한다.

염불, 극락으로의 초대

선화 상인 법문 | 각산 정원규·이정희 편역

선화 상인의 가장 대표적인 염불 법문을 모았다. 염불 수행의 목적과 방법, 그 공덕은 물론 염불로 가피를 얻은 사람의 이야기까지 읽어보고 나면 절로 두 손과 마음을 모아 염불을 시작하게 될 것이다.

      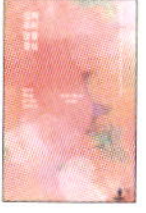  

월간 「불광」, 나누고 함께하면 행복이 커집니다

전국에는 군법당 128곳, 병원 414곳, 교정기관 58곳, 대학교(대불련) 100여 곳이 있습니다.
이 중 월간 「불광」을 받는 곳은 100여 곳(14%)에 불과합니다.
월간 「불광」은 문서 포교의 시발점이자 불교 대중화의 선두에 있습니다.
불교 안팎의 모든 이들에게 도움이 되는 삶의 지혜와 감동을 전할 수 있도록
불자님들의 후원을 기다립니다.

정기후원	지정·미지정	월9,000원(1년 108,000원)

● 후원처를 희망하시는 곳으로 지정할 수 있습니다.
● 일시후원 및 기업후원은 문의 바랍니다.

전화 02-420-3200   **온라인** www.bulkwang.co.kr

계좌번호 **신한은행** 140-011-217220 또는
농협 301-0420-3200-71 (예금주 (주)불광미디어)

단체구독

150부 거제불교거사림회 • 50부 범어사 주지 정오스님, 불광한의원 도광스님 • 40부 금강정사 • 34부 화계사 주지 우봉스님 •
30부 성주사 주지 법안스님, 황룡원 • 25부 불광사 주지 동민스님 • 20부 보현사 주지 진효스님 • 12부 금선사 주지 현장스님 •
11부 보덕사 주지 정안스님, 정호스님 • 10부 대구 용연사, 동명사 회주 지명스님, 법련사 주지 진경스님, 보문사 주지 선조스님, 불광정사 주지
지암스님, 영화사 주지 평중스님, 파계사 주지 법준스님, 화광사 주지 학륜스님, 홍천사 회주 금곡스님 • 6부 공생선원장 무각스님 • 5부 천불사
주지 동일스님 • 3부 월정사 주지 정념스님, 정암사 주지 상운스님, 천은사 동은스님, 통일정사 주지 무애스님, 동국대학교 사범대학 부속
가람중학교, 동국대학교출판문화원, 서울노인복지센터, 해동고등학교 • 2부 금산사 템플스테이, 금정중학교, 도리사 회주 법등스님, 등명낙가사
주지 청우스님, 삼선암 혜조스님, 선덕사 주지 담준스님, 선운사 주지 경우스님, 세종전통문화체험관, 송광사 템플스테이, 증심사 주지 중현스님,
하나병원

월간 「불광」 보내기 후원자

60부 금강정사 • 50부 범어사 주지 정오스님 • 40부 김현철, 이형욱, 임유정·이현종 • 39부 보덕학회 • 20부 낙산사 주지 일념스님,
화엄사 주지 우석스님, 이서현, 이정민, 조원호 • 19부 청량사 주지스님 • 18부 김은희 • 12부 백주란 • 10부 공생선원장 무각스님, 도갑사
주지 수관스님, 전등사 회주 장윤스님, 제주 신광사, 진관사 주지 법해스님, 해동용궁사 주지 덕림스님, 화엄경보현행원, 류지호, 이갑기·소순열
• 9부 김영숙 • 8부 삼성암 주지 세민스님, 김동조 • 6부 화엄사 빛고을포교원 주지 연성스님, 김동철, 김용수, 서희손, 원경연, 최창원 • 5부
김형남 • 4부 장미일 • 3부 서봉스님, 공영주, 김미선, 김희정, 박수화, 신인하, 양동민, 이미령, 정원규, 정재현, 조인영, 차정미, 한상호(김선희) •
2부 만성스님, 청명스님, 김수천, 김주석, 김준섭, 김홍월, 노정신, 박선영, 박양애, 박종옥, 박종은, 서현정, 안병주, 양경자, 오명희, 윤정안, 주연호,
최경란, 최민석, 허균, 허은창, 홍종수 • 1부 선재스님, 정운스님, 강상임, 강은실, 구광국, 권순덕, 김명환, 김상엽, 김세희, 김영해, 김은수, 김준수,
김헌영, 김희자, 박금진, 박동엽, 박양애, 박제일, 박정현, 박찬욱, 박찬희, 박현주, 배춘상, 백용구, 복병학, 석경란, 성명숙, 신현배, 심원섭, 안상민,
오송자, 오연숙, 오영원, 원정희, 유근자, 윤소년, 이기선, 이덕규, 이만혜, 이영옥, 이재숙, 이정민, 이정하, 이주현, 이중희, 이지영, 임동욱, 장선자,
장성원, 장효정, 전나미, 정광열, 정성희, 정호경, 정희원, 조경숙, 조남연, 조정임, 조지형, 좌정훈, 진영순, 최숙경, 최철환, 허종범